ローマの平日
la vita a Roma

イタリアの休日
la vacanza in Italia

もくじ

Pinocchio

イタリア人がよくするしぐさ

※ よい子と外国人は真似しないこと
（ビミョーなニュアンスが難しいので）

la vita a Roma
la vacanza in Italia

歌って、演じて、イタリア語

LA LINGUA ITALIANA

　私はイタリア語をまったく話せなかった。新聞記者をしている夫の転勤で、急に決まったローマ暮らし。日本を発つ前にせめて簡単なあいさつと10までの数字を覚えようと思っていたのに、いくら頑張っても5から先は忘れていた。

　そんな心もとない状態でローマに着いたその日のこと。バール（イタリア式のカフェ）で牛乳とサンドイッチを求め、レジで支払いをしようとしたら「……ズッケロ？」と言われた。

　はて、なんだろう。状況から察すると、商品を入れる紙袋は必要か、とでも聞かれているのだろうか。私はとりあえずうなずいてみた。まさかレジの下から砂糖の小袋が二つ三つ出てくるとは思いもせずに。

　ズッケロが砂糖であることを、私はその時初めて知った。甘いもの好きのイタリア人のなかには、牛乳にも砂糖を入れる人がけっこういるらしい。かんじんの紙袋はけっきょくもらえず、私は牛乳とサンドイッチと砂糖を抱えながら「このままではいけない。イタリア語をちゃんと勉強しよう」と決意した。

　翌週からさっそく、ローマの中心部にある外国人のための語学学校に通い始めた。

　ところが――。

「辞書はしまって」「ノートもとらないで」

　先生からいきなり、こう言われた。読み・書き重視の日本の教育とは大違い。こ

朝ごはんはバールでカップチーノとコルネット（イタリアの甘いクロワッサン）を。

清涼飲料水やアイスクリームを売る屋台は観光客用。

の学校は徹底的に聞くこと、話すことを鍛えるのだそうだ。私たち生徒はテープから流れてくるイタリア人同士の早口の会話を繰り返し、繰り返し聞かされ、「とりあえずわかったことをペアになって話し合って」と言われるのだった。

けれど、なにしろズッケロ状態である。イタリア語の海のなかにいきなり放り込まれた私は、おぼれないように口をパクパクさせているのがやっとだった。

先生の話す文章を、耳から聞いたまま復唱する練習もある。「イタリア語は〝歌うように〟話すということを忘れないでね」と言う先生のお手本は、タラッタラーッタ、タリラーッタ、とたしかに五線譜を流れているよう。ああ、そうか、イタリア人の身ぶり、手ぶりが大げさなのは、自らの歌を指揮しているからなのだ、と私はひそかに納得した。

　そうこうするうちに数週間がすぎた。

「ねえ、ルイジとアンナが別れたって知ってた？」「えっ、本当⁉　だってこの間まで結婚式の準備を進めていたじゃない？」「それがね……」。こんなやりとりを、噂をしている友人たちになりきって話しなさい、という。

「ええーっ、ほぉんとぉお――⁉」と、心底驚いた顔と口調で言わないと、やりなおし。先生のリアルなお手本を見て、私たち生徒は大笑いしてしまったけれど、これでは語学の授業なのか、演劇の授業なのか、わからない。


　でも。考えてみれば、外国語を習うということは、異国の人々の文化や考え方に触れ、今までと違う自分を体験すること。ある意味では、その国の人を「演じる」練習と考えられなくもない。何年も辞書や教科書と向き合って勉強しても、日本人の英語があまり上達しないのは、ひょっとしたら、この演じる要素が軽視されているからかもしれない。

　ズッケロも知らなかった私は、少しずつ、少しずつだが、イタリア語を話せるようになった。「歌うように」というのは、まだ夢の夢だけれど、イタリア人を演じてみるのは、なかなか楽しい。

ローマは街全体がそのまま美術館や博物館になっている。

すてきなおせっかい

IL MERCATO

ローマ暮らしの楽しみの一つは、日々の買い物だ。天気がいい日は、ヴァティカン近くの青空公設市場にいく。安くて新鮮な食材があふれていて、目が回りそうになるけれど、私はまっさきにフランチェスコおじさんの店に向かう。

トマト屋さん。大きさも用途もさまざまな、トマトだけを専門に売っている。私のお気に入りは、シチリア産のパキーノ（つる付きのミニトマト）だ。おじさんは必ず二、三個、シャツでゴシゴシして、味見してごらん、と差し出してくれる。弾力があって、口のなかではじける甘さの毅然としていること！「ブォーノ（おいしい）」と私が言うのを確かめてから、おじさんはちょっと得意そうにトマトを秤《はかり》にのせていく。

「チャオ・ベッラ」「アモーレ・ミオ。いい一日を」。毎度「べっぴんさん」とか「わが愛しい人よ」などと言われて、最初はドギマギしたけれど、これは女性の常連さんにたいするたんなるあいさつ言葉。店の奥の方に隠してある、より新鮮なパキーノをこっそり売ってもらえるようになれば、晴れて「フランチェスコのお得意さん」である。

果物屋のおばさんは、私の太ももほどありそうなたくましい腕で、リンゴやオレンジをよってくれる。「細かいお金はないの？　じゃあ、今度でいいよ」と、性

ミネストローネ用として売られている野菜セット。売れ残った野菜の有効利用にもなる。

格も太っ腹。ジャガイモとタマネギだけを売っている親子はいかにも質実剛健で、花屋のおじさんは「これは君にプレゼント」と、いつもバラを一本おまけしてくれる。ローマの習わしで火曜と金曜は「魚を食べる日」。この両日はいつになく魚屋さんが大忙しだが、冗談を言って客を笑わす余裕は決して失わない。

坂の上の八百屋さんは、初老の夫婦が二人だけで営む小さな店だ。だんなさんはレジの前にデンと座り、ハツカネズミのように忙しく動き回る奥さんは、よく店の奥の台所で野菜を刻んでいる。青菜、ポロネギ、セロリ、ジャガイモ、ズッキーニにニンジン。どれも小さく切って袋に詰め、ミネストローネ用として売っている。

「この野菜は『修道士のひげ』という名前なの。日本にはないでしょ?」。奥さんはいつも、私にイタリア語や「本当の」イタリア料理の作り方を教えてくれる。「今ちょうどミネストローネを作っていたのよ。本場の味を覚えていきなさい」と、半ば強制的に味見させられたことも。野菜がトロトロになるまで煮込まれたスープは、顔色は悪くても、うまみがしっかり溶け合っている。「ね? ミネストローネはこうでなくっちゃダメよ」。腰に手をあて、胸を張っている奥さんの後ろで、やれやれまた始まったぞ、と私にウインクしているだんなさん。夫婦漫才のような二人の組み合わせが楽しくて、私はつい長居をしてしまう。

しかし、はっきり言ってローマの買い物は大変だ。そこにいけばなんでもそろう、という大型店がほとんどないうえ、市場ではほとんどが量り売り。店の人とのかけあいが楽しい。

スーパーでさえ日曜日に休むことが多い。二十四時間開いているコンビニなんて皆無。市場は午後二時で終了するし、個人のお店はしっかり三時間の昼休みをとる。週末にうっかり何か買いそびれると、月曜日まで我慢しなくてはならない。

それでも楽しいと思えるのは、「モノ」以外の何かがおまけに付いてくるから。人々との愉快なやりとりや、温かい気持ち。そして、時には「すてきなおせっかい」も……。

トマト屋さんのホッペタは
いつも赤い。
Francesco

降ります、降ります！

L'AUTOBUS

ローマでバスに乗っていると、何が起きても不思議ではない。先日も交差点で、運転手とバイクの男性がけんかを始めた。「どこ見て走ってるんだ!?」「おまえこそ！」。窓越しに大声でやりあっていたと思ったら……。次の瞬間、運転手が勢いよく前のドアから飛び出していった。交差点の真ん中にバスを乗り捨てて。

「信じられない」「あきれたわねぇ」。残された乗客は顔を見合わせた。でも、相手はバイク。追いつくわけがない。しばらくすると、大きなおなかをハアハアさせながら運転手は戻り、何ごともなかったかのように運転を再開した。

友人のイズミさんが乗ったバスでは運転手が道を間違え、乗客がいっせいに「違う！」と立ち上がったそうだ。「ごめん。この路線は初めてなんだ。で、どっちへ行けば?」と尋ねた運転手に、「あっち」と四人が指した方向がてんでんバラバラだったとか。

「こんなハプニングにいちいち驚いたり、腹を立てたりしていては、ここでは暮らせないから」。ローマ在住五年のイズミさんはカラカラと笑っている。時刻表がいちおう存在することを知った時には、びっくりしたほど。なかなかこないバスにイライラしているよりは、ジェラートでも食べながら、気長に待つ方がよい。

実際、長く待たされるバス停の近くに

Gelateria（ジェラテリア）はジェラート屋さん。コーノ（コーン）かコッパ（カップ）を選ぶ。

は、なぜか必ずジェラート屋さんがある（バス会社とジェラート屋さんが裏で手を組んでいるのかも）。三種のフレーバーを盛ったコーンを食べ終える頃、ほら、案の定、同じ行き先のバスが二台連なってやってきた。

「おっ、バスが見えてきたぞ。70番のバス。70番に乗る人ぉ――」。十数人で待つうちに、仕切り始めるおじいさんがいる。乗降口の急な階段を上りあぐねているおばあさんがいると、ヨイショとみんなでひっぱり上げる。ローマのバスには、乗

バス停はFermata（フェルマータ）。フクロウの絵は夜間バスが停まることを示している。

客同士の不思議な連帯感がある。

次の停留所を知らせる車内アナウンスはいっさいない。でも「××広場は、もう少し先かしら?」と、だれかが聞こうものなら、「次の次よ。私もそこで降りるから大丈夫」「あら、広場ならその先で降りた方が近いのに」などと、見ず知らずの人たちがたちまちおしゃべりを始める。

そう。ローマのバスはいつもワイワイガヤガヤ。時々「運転手に話しかけないで下さい」という注意書を見かけるが、ローマの人たちに「しゃべるな」というのは、どだい無理な相談だろう。

さて、降りる時は、一つ二つ前の停留所から席を立ち、中央の降車口の前に移動しておくのがルール。「次、降ります?」「いえ、まだなので、前にどうぞ」「では、失礼」と、声をかけあいながら立ち位置を調整する。いくら混雑していても、からだの接触は極力避けるのが乗客同士のエチケットだ。

早めにドアの前に立っておくのは、モタモタしているとすぐドアが閉まってしまうからでもある。そんな時は「シェンド!(降ります)」と叫んでドアを開けてもらう。私は大声を出すのが恥ずかしくて、次の停留所まで乗っていってしまったことが一度ならずあるけれど、バスで大声を出せるようになったら、私もローマっ子の仲間入りかな……。

などと考えていたら、あっ、停留所。気がつくと私は叫んでいた。

シェンド!!

朝食にパネットーネなら、ミルクたっぷりのカフェラッテやカップチーノと。パーティの席でなら甘口の発泡ワインと相性がいい。

IL PANETTONE

朝ごはんにパネットーネ

十二月の声を聞くと、イタリアのスーパーやお菓子屋さんの店先にはパネットーネの箱が並ぶ。山高帽子でも入っていそうな大きな箱の中身は、クリスマスの代表的なお菓子。うず高く積み上げられたその山の減り具合が、クリスマスへのカウントダウンになる。

　オレンジピールやレーズンなどのドライフルーツが詰まったパネットーネは、ケーキというよりは菓子パンに近いイメージだ。特殊な酵母を使うために、家ではなかなか焼きにくいらしく、たいていのものは手作りしてしまうイタリアのマンマたちも、これだけは市販品を買っているようだ。一度に二箱も三箱も抱えて帰るのを不思議に思っていたら、クリスマスの前後は、どこの家庭でもパネットーネを朝食代わりにしている、という。日本でいえば、正月の餅のような存在なのかもしれない。

　郷に入っては郷に従え、で私たちも朝食にいただくことにした。でも、夫と二人暮らしのわが家ではなかなか減らず、毎朝となると、うれしさは薄れる一方に。卵をたくさん使っているのでカロリーも心配だ。友人たちは、クリスマスと復活祭の後に、決まって「ダイエットだぁ！」と叫んでいるけれど、増えた体重の三割くらいは、パネットーネのせいだと思う。

ところで、私たちが住んでいるアパートには、アントニオさんという管理人さんがいる。シチリア島出身の小柄な男性で、妻のカミッラさんと大学生の娘アンナさんとともに、一階に住み込んでいる。アントニオさん夫婦は働き者で、毎朝七時頃から中庭の掃除を始める。水まきをしながら歌うアントニオさんの鼻歌は、なかなかの美声だ。八時頃、「コーヒーが入ったわよぉ」というカミッラさんの声が聞こえると、エスプレッソのいい香りが、外まで漂ってくる。

そんなアントニオさんが日中座っているアパート入り口の管理人室に、クリスマスが近づくとパネットーネの箱が積み上げられる。住人たちが贈った品で、どうやら「いつもお世話になっています」というお歳暮のようなものらしい。その数は日に日に増えていく。わが家も何かしなければ、と、パンフォルテ（トスカーナ州シエナの伝統的なお菓子）を持っていったけれど、〝正月の餅〟ならぬ縁起物、パネットーネを贈るのが、暗黙のルールだったのかもしれない。

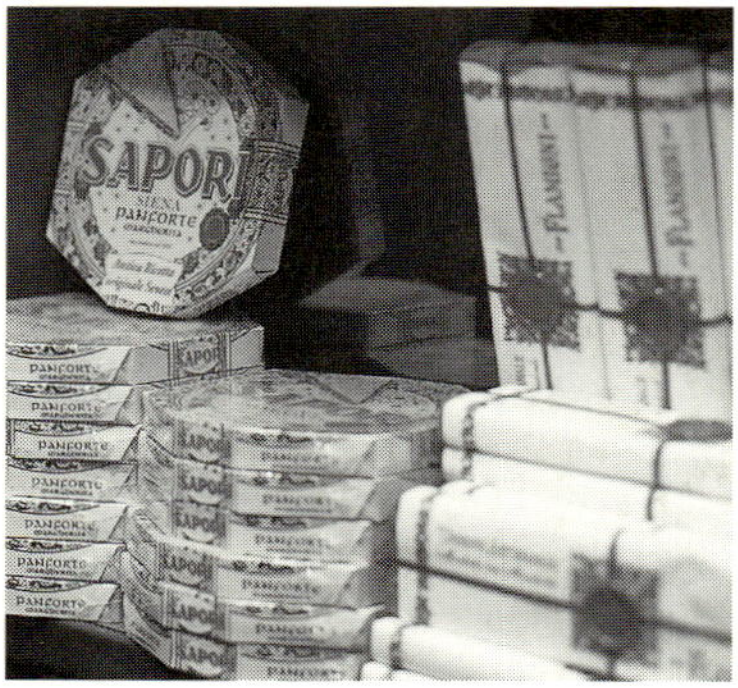

シエナのお菓子パンフォルテは素朴でしっかりとした味。

パネットーネは日持ちがいい。毎朝食べても、あれだけの量なら四月まで持つだろう。「コーヒーが入ったわよぉ」というカミッラさんの声を聞くたびに、私は「アントニオさんちは今朝もパネットーネかな」と、一家の食卓を想像し、ポッチャリとしたお年頃のアンナさんは大丈夫かしら、とちょっとよけいな心配もする。

こんなおじさんがいるバールは、きっと楽しい。

ローマの広場には笑いがあふれている。

われらがチャンピオン

IL CALCIO

週末の夜。アパートの隣室や上下の階から大歓声が聞こえたら、それはサッカーの試合中継を見ている人たちだ。

うちでテレビをつけていなくてもすぐわかる。「ワオー！」という歓声なら地元ローマのチーム「ASローマ」の得点。「ォォー」という怒声や悲鳴なら相手チームのゴール。勝てば夜中に花火が上がり、驚いた近所のワンちゃんたちがいっせいに吠え出す。試合のある夜は、なんとも騒々しい。

そして、二〇〇一年六月。ある朝起きてみたら、ローマの街の何もかもが、赤と黄色に染まっていた。二色はASローマのチームカラー。前日、イタリアのサッカー1部リーグ（セリエA）で、ローマが十八季ぶりの優勝を果たしたのだ。

歩道や階段や公園のベンチが、ファンたちの手で赤と黄色のペンキで塗られてしまい、もともと赤かったポストまで半分黄色の情けない姿に。バス通りの両側の街路樹はリボンで結びつけられ、二色のアーチが何ブロックにもわたって続いている。あんな高い所に、いつ、だれが、どうやって登ったのだろう？　熱狂的なファンたちが一夜にして成し遂げた〝偉業〟の数々に感心するやら、あきれるやら、だ。

子どもや若者だけでなく、いいトシをした大人たちまでローマのユニフォーム姿ではしゃいでいる。中年太りのトッティ（ローマのキャプテン）や、濃厚ソース顔のN

ローマの王子さま
トッティ
10
Francesco Totti

ＡＫＡＴＡ（当時は中田英寿選手もローマに在籍していた）を何人見かけただろう。口ひげの片側を赤、片側を黄に染めた紳士が悠然と歩いているのには、思わず振り返ってしまった。

「ワイン、ちょうだい。赤ワインではなく、赤黄色ワインを」。惣菜屋ではおじさんがわざと大きな声でこう注文し、ほかの客からどっと笑いと拍手が起きた。

夜になると、家の近くの広場に人だかりができていた。何ごとだろう、と夫と近づいてみると、ローマファンが輪になって歌いながら、ぴょんぴょんはねている。

「われらー。われらー。われらがイタリアのチャンピオン！」

私たちが日本人とわかると「ナカータ、ナカータ」と、手を振ってきたので、私たちも輪に加わって一緒にはねてみた。老いも若きも、男も女も、みんな心底うれしそうで、目が合うと「いやぁ、こんな幸せことはないね！」といった、とびきりの笑顔が返ってくる。夜の闇に包まれながら、ただはねて、歌って。「われらー。われらー」がいつまでもこだました。

たかがサッカー、されどサッカー。郷土愛が強いイタリア人にとって、地元のチームは一緒に育った家族のようなもの。「俺はここで生まれ、ずっとここで育ってきたんだよ。血の色まで赤と黄さ」。ローマの下町でそう笑った職人さんの言葉を思い出す。

ローマ優勝のお祭り気分は何日も、何週間も、いや何カ月も続いた。塗ったペンキも、張り巡らしたテープも、だれも片付けようとしない。雨風で自然に消えたりちぎれたりするまで放っておこう、というのが

ちょっとした広場とボールさえあれば、イタリアの少年たちは即サッカーを始める。

いかにもローマ。次のシーズンが始まっても、街のあちこちに赤と黄の名残《なごり》があった。

しかし、しかし。ローマにいるのはローマファンばかり、と思ったら大間違い。ローマがあるラツィオ州には「ラツィオ」というチームもあるので、サッカーの話をする時には、相手がロマニスタ（ローマファン）かラツィアーレ（ラツィオファン）か、確かめてからの方がいい。

ラツィオのチームカラーは白とブルー。街がすっかり赤と黄色に染まっていた間、ため息をつきながら青空と白い雲を眺めていた人は、ラツィアーレに違いない。

17世紀の柱時計

IL RESTAURO

「修復の職人」

そう彫られた木札が入り口にかかっているだけの、小さな空間。わがアパートの地上階に店を構える家具の修復屋さんは、ずっと気になる存在だった。

二メートルはありそうな柱時計や、繊細なはめこみ細工が施されたアンティークのタンスなどが、病院の待合室で順番を待つ患者のように、じっと壁にもたれている。

壁を隔ててすぐ隣は、椅子とソファの張り替え屋さん。こちらも「椅子　張り替えます」という地味な張り紙が窓にあるだけだ。さまざまな色や柄の布がきれいに張られたダイニングチェアが、通りに面したウィンドウに整然と並ぶ。

両方の店とも、熟年の職人がそれぞれ一人でやっている。雰囲気が似ているから兄弟だろうか。私は二人に「いとし・こいし」とあだ名をつけた。「あっ、いとしさんが鼻歌を歌いながらニスを塗っている」「こいしさんは今日もトントン金づちを打っている」。コツコツ働く二人の背中を確認することが、いつしか私の日課になっていた。

ある日、思い切っていとしさんに話しかけてみた。本名はダニエレさん。父親の仕事を継いで十四歳から五十八歳の今まで、この道一筋の人だった。

「あの柱時計は十七世紀の物だよ。毎時、時刻を告げる鐘が鳴り、その二分後にまた鳴るんだ。二分間のお祈りの終わりも告げ

下町の裏通り。職人さんが家庭用のシャンデリアを修復していた。

こんなアンティークな額が、
イタリアの家にはよく合う。

る、特別な時計でね」。そう言って針をそおっと手で進め、チン、チン、と高い音を聞かせてくれた。

壁にはノミやペンチなどの工具が所狭しとかけてある。三百年、四百年前のどんな小さな部品でも、ダニエレさんはすべて手仕事で作る。「修復の職人」という札には、そんな誇りがさりげなく込められていた。

「止まっていた時計が動き出し、ひび割れていたタンスがぴかぴかに蘇る。この瞬間が仕事の醍醐味だよ」。こいしさん、ことフランコさんとは隣り合って仕事をしてきて三十年以上。ご兄弟だと思っていた、と言うと「えっ？　まさかぁ。友だちだよ。いい友だち」と、クスッと笑った。

それにしても、ローマには家具の修復や椅子の張替えの店がなんて多いのだろう。わが家の周辺は築四十年ぐらいの建物が多い、ローマでは比較的「新しい」住宅地だが、それでも半径二百メートル以内に、そうしたお店が四、五軒はある。ソファ専門だったり、ベッド専門だったりと、店によって得意分野があるようだが、これだけの需要があるということにまず驚いてしまう。

壊れたら捨てる、飽きたら買い換える。そんな生活に慣れてきた身には、修理を繰り返しながら一つの家具をだいじに使い続ける人々の生き方がまぶしい。物は買える。でも、時の重み、家族の歴史や思い出は、決して買えないのだから。

そんなローマでも、時代の流れとともに職人文化が先細りしている、と聞く。ダニエレさんには子どもがいない。若者が弟子入りしたこともあったが「続かなかったよ。だいたい、今の人はすぐ結果とお金を欲しがるからね。時間のかかる地道な仕事には興味を示さない」。

フランコさんの息子は大学で政治学を学んでいるそうだ。「親父から継いだ仕事も俺の代でおしまいだ。仕方ないさ」と、フランコさんは言う。

そういえば、近所の修復屋さんや張り替え屋さんはどこも高齢だ。

二十年、三十年先には、この通りはどうなっているのだろう。十七世紀の柱時計は、チン、と鳴っているだろうか。

天使が舞った夜

IL CONCERTO

クラシック音楽が好きで時々コンサートにいく。日本と比べてチケット代は安く、二、三千円も出せば一流アーティストの演奏が聴けるのだからありがたい。

ちょっと早めに出かけて、開演前の聴衆ウォッチングも楽しむ。オペラの初日はゴージャスな衣装の人が多いので、こちらも相応の覚悟をして出かけなければならないが、普段のコンサートだと毛皮あり、ジーンズありと、席によって格好もさまざまだ。

女性は黒の上下といった正統派の装いが多い。「黒はもっともエレガントな色。それに黒のスーツが一着あれば、流行にとらわれず、スカーフやアクセサリーでいろいろな着こなしが楽しめるから」とイタリア人の友人ミンマさんが教えてくれた。ローマの女性は意外と堅実なのだ。ただし、高齢になるほど服装はカラフルになり、それがまた白髪によく似合う。七十代、八十代の女性たちの優雅で上品な着こなしを見ていると、彼女たちがおしゃれにかけてきた歴史と自信がうかがえるようだ。

コンサートホールは社交場でもある。開演前には小さな輪があちこちにでき、両ほっぺたにチュッチュッとキスを交わすイタリア式のあいさつや、大げさな手ぶりをともなった談笑が続く。オーケストラが全員入場し、後は指揮者を待つばかり、という段になってもペチャクチャやっているのだから、ローマの人たちのおしゃべり好きは

ローマでは「街角のマリア様」をあちこちで見かける。

街を歩いていると、どこからともなく賛美歌が聞こえてくる。

相当なものだ。たまりかねたコンサート・マスターが壇上から「シーッ」と注意したこともあった。

とある晩、ヴァティカン近くのサンタ・チェチーリア音楽院のコンサートホールに出かけた。ワーグナーのオペラ「タンホイザー」を、演奏会形式で上演するプログラム。舞台装置はいたってシンプルだったが、始まるなり、私は密度の濃い素晴らしい音楽に圧倒されてしまった。

ああ、なんて美しいのだろう！ こんな時はホールのどこかで「芸術の神様」が微笑み、その周りで天使たちが愉快そうに舞っているに違いない。私は特定の宗教を信じる人間ではないけれど、何年かに一回、こうした演奏に立ち合うと「芸術の神様」だけはきっと存在する、と本気で思えてくる。

ブラヴォー！　ブラヴィー！　演奏が終わると大歓声。だが、カーテンコールで主役のテノールが現れるや、客席の後ろの方からブーイングの嵐も起きた。たしかに後半は疲れが見えていたようだけど、大作を歌い終えたばかりの彼に「ブー」の矢はこたえるに違いない。

好き・嫌いが明確で、それを態度で表さなければ気がすまない聴衆たちによって、アーティストも鍛えられていくのだろう。

聞くところによると、イタリア北部パルマの聴衆の手ごわさはこの比ではなく、演奏中からヤジが飛び交うのだとか。最後まで歌い終えることができただけでも、テノール氏は幸いだったのかもしれない。次回ステージに上がる時には「芸術の神様」に祝福されますように！

興奮覚めやらぬまま外に出ると、ヴァティカンのサン・ピエトロ大聖堂が冷気のなか、月明かりに照らされていた。回廊の上に立つ百四十体の聖人像が白く浮き上がる。「タンホイザー」の大合唱が、まだどこからか響いてくるようだった。

ヴァティカンを警備するのはスイス人の衛兵。みんな背が高くてかっこいい。

キノコの味と香りをこれだけ愛する国民は、イタリア人と日本人ぐらいかもしれない。

キノコが好き。メニューに「キノコの××」とついていれば、たいていそれを注文してしまう。「海の幸の××」「××のトマト煮」という言葉にも弱い。イタリアに住んでいてうれしいのは、この三パターンの料理が充実していることだ。

キノコ類は一年中見かけるが、やはり秋から冬が旬。秋に出回るポルチーニは「ヨーロッパのマツタケ」とも呼ばれるイタリア・キノコ界の花形で、レストランの入り口に山盛りにしたポルチーニのかごがおかれているだけで、立派な客寄せになる。パスタやリゾットにしてももちろんおいしいけれど、オリーブ

IL TARTUFO

キノコの王様

油と塩・コショウで焼いただけのポルチーニがまた格別。ナイフとフォークでひと口ずつかみしめていると、まるでステーキを食べているような錯覚に陥る。

日本の干しシイタケのように、水でもどして使う乾燥ポルチーニもあり、こちらはスーパーでも手軽に買える。炒めたベーコンや生クリームとともにスパゲティにあえると、簡単で豪華な一品になる。

しかし、イタリア・キノコ界のトップに君臨する王様といえば、やはりトリュフ（イタリア語ではタルトゥフォ）だろう。土のなかに育つこの不思議なキノコは、特別に訓練を受けた犬

が「ここ掘れワンワン」と鼻で探し出す。フランスでは黒トリュフが有名だが、イタリアのピエモンテ地方では希少な白トリュフが採れる。香りがとくに強く、イタリアでもとびきり高価な食材だ。

冬のある夜。ローマ市内のきどったレストランで、夫が白トリュフの前菜を注文した。「王様」は木箱に入ったまま、ワゴンに乗ってテーブルの横までやってくる。カメリエーレ（ウエイター）が小さな秤《はかり》で王様の重さを量り、「では、今からトリュフを削っていきますから、ストップと言って下さい」と恭《うやうや》しく夫に告げた。何グラム食べたか、で値段が決まる「時価」前菜だった。

ローマの気取った
レストランで
ワインの香りを数分おきに
チェックしていた客。

目の前におかれた料理は、ただの目玉焼き！　できるだけシンプルなひと皿とコンビを組むことで、王様は実力を発揮するらしい。カメリエーレは目玉焼きの上に、ハラハラと王様を削りながら振りかけていく。夫がいつ「ストップ」と言うのか、レストラン中の客が固唾《かたず》を飲んで見守っている感じ。王様を食する、というのは、緊張感あふれる、肩の凝る行為だったのだ。

ス……ストップ！　と夫が声を上げた時には、かなりのハラハラが舞っていた。値段は覚えていないけれど、虎の威ならぬトリュフの威を借りた目玉焼きは、メインよりも高かった。

「どう?」……、私は小声で聞いた。「サクサクっとしながらも、舌のなかでホロホロと溶けていく感じ……」。夫も小さな声で答えた。

濃厚な香りを周囲に振りまきながら、王様はしずしずと木箱にお戻りになられた。

市場で見つけた乾燥ポルチーニ。

太陽さえあれば

LA CUCINA ITALIANA

シュポン！

スプマンテ（イタリア風シャンパン）の栓を抜く音を合図に、授業は始まった。イタリア語の先生セレーナが、私たち外国人生徒に教えてくれる「イタリア家庭料理教室」。彼女の自宅台所で夜六時半にスタートしたのだが、グラス片手に早くもみんないい心地だ。

パンパン、とセレーナが手をたたいた。

「ここはレストランじゃないんだから、座っていても何も出てこないわよ。今日のメニューは、ローマ名物アマトリチャーナ風パスタと鶏肉の猟師風煮込み、それに付け合わせにインゲンをゆでます。さ、リチェッタ（レシピ）にはなんて書いてある？　どんどん始めるわよ！」

シチリア出身のセレーナは、黒髪のショートカットがよく似合う、小柄で快活な四十歳。ローマでは珍しい一軒家で、二匹の猫と暮らしている。鍋やエスプレッソ・メーカーはおばあさんの代から、という年代ものだが、自慢の台所はどこもピカピカに磨かれている。

生徒はアメリカ、ドイツ、オランダ、韓国、日本と多国籍の八人で、男性も二人。慣れないイタリア語のリチェッタを必死に判読しながら、まずはタマネギ、ニンニクを切り始めた。

「トマトソースのアマトリチャーナに欠かせないのは、羊の乳から作るペコリー

野菜もオリーブ油も、大地と太陽の恵みをたっぷり受けて元気いっぱいの味になる。

きりっと冷やしたスプマンテは、パーティに欠かせないお酒。「チン・チン！」（乾杯）と言ってグラスを合わせる。

ノチーズとパンチェッタ（生のベーコン）。パスタをゆでる時はお湯が沸騰してから、たっぷり塩を入れるのよ」。そう言ってセレーナは手のひらいっぱいの岩塩を入れた。「わぁ、そんなに？」「そう。そして、ゆでかげんは絶対、絶対アルデンテ。パスタの担当者は責任重大よ！」

イタリアの家庭料理が偉大なのは、不器用な私でも「なんとかできそう」と思わせてくれるシンプルさだ。野菜を始めとする素材そのものがおいしいので、あまり手を加えず、持ち味をそのまま引き出してあげるのが一番。たとえば、インゲンもただゆでるだけ。パラパラと塩を

野菜そのもののおいしさを引き出すシンプルな調理法が一番。

振り、オリーブ油をタラーリと回しかけ、上からレモン汁を絞ると、これだけで立派な一品になる。

こちらに修業にきていた日本人シェフも驚いていた。「日本では野菜は何センチに切りそろえて、とか『これはこうでなければ』といった細かい決まりが多いんです。でも、ここではそんなことだれも気にしないいし、仕事も大ざっぱ。要はおいしければいいじゃない、イタリアの太陽さえあればいいじゃない、という雰囲気なんです」。大地と太陽と人々の大らかさ。本場イタリアンのおいしさの秘密は、こんなところにあるのかもしれない。

さて、教室の料理の方は八時すぎに完成。ミネラル・ウォーターとワインをあけ、まずパスタからいただく。「トマトソースの時にかぎって、なぜか白っぽい服を着ていない？」「ほんと。で、絶対汚してはいけない、と思うと、ソースがはねるんだよね」。みんな笑いながら、でもちょっと緊張しながら、アマトリチャーナを食べる。無事、食べ終えるとお皿を変えて次はメインに。家庭でも、レストランでも、この順番は律儀《りちぎ》に守る。

好きな音楽のこと、最近観た映画の話、おいしいジェラート屋さん情報……食事をしながら会話もはずみ、やがてアメリカ人男性がひくギターに合わせてみんなで歌い出した。

気がつくともう十一時。飲んで、食べて、笑って、語って、あっという間にすぎたひととき。仲間や家族との「食」の時間を大切にする、イタリア式「人生の楽しみ方」も教わった晩だった。

バールの一角で軽い昼食をとっていたビジネスマン。スーツ姿がビシッと決まっていた。

街に教わる色づかい

I COLORI

「イタリア人は見かけが命。おしゃれには気をつかった方がいいよ」

こちらにくる前、イタリア通の友人たちからこうアドバイスされた。「文字通り〝足元を見られる〟から、ローマに着いたらまずイタリア製のいい靴を買うこと」「口紅をつけているのと、いないのとでは、男性の対応も違ってくるのよ。お化粧はしっかり、ね」。おしゃれにあまり自信のない私は、気が重くなった。

暮らしてみれば、その通り。先日も週刊誌で「どの政治家がどんな靴を履いているか」、写真入りで特集していた。「靴はいつも八センチ以上の細いヒールです。夫に敬意を払って、家のなかでもスリッパなんて履きません」とは、ある女性議員の言葉。

いつか私がスカートの下にソックスを履いていたら「スカートには素足かストッキング！ そんな色気のない格好、小学生ならともかく、イタリア人は決してしない」とイタリア人の友人に笑われた。

イズミさんの夫、ナポリ出身のルイジさんは、マフラーと靴下の色を合わせている。「そこまで気をつかうの？」と彼女が聞くと「だって、現にこうして気づいてくれる人がいるでしょ？」

こんな調子だから、ちょっとスーパーにいくのにも「つっかけ姿」なんてとんでもない！ とくに高齢者ほどきちんと

一日のうちで何度も表情を変えるローマの街並み。
生き生きと輝く昼の顔もいいけれど、ちょっと寂しげな夕暮れの顔が好き。

しており、わがアパートの住人たちも、おしゃれなジャケットにスカートを合わせ、パールのネックレス、ハンドバッグ、そしてヒールの靴を履いて晩のおかずを買いにいく。

毎朝、坂の上の本屋で新聞を買う老紳士は、モスグリーンのコートに帽子、マフラー、靴まで同系色。新聞を小脇に抱えてバールに立ち寄り、カウンターでエスプレッソをひと息に飲んでいくさまは、映画の一シーンのようだ。

多くの人が自分に似合う色を心得たうえで、色をうまく組み合わせている。「日本人はお金をかけて、きれいな服を着ているけれど、配色が変な人を時々見かける」。何人かのイタリア人からそう言われた。

でも、そうした色の感覚はどうやって

身に付けるのだろう。先生はだれ？　私の問いに、日本に留学したこともある友人のニベスさんが、こうつぶやいた。

「自然に、としか言いようがない。でもね、関係ないかもしれないけれど、日本の都市は色がゴチャゴチャしすぎていないかしら？」

　指摘されてハッとする。赤や黄色やショッキングピンクの看板が「見て！　見て！」と叫び、ネオンが洪水のようにあふれている日本の街。いつの間にか大きな駅前は、日本全国どこも似たような顔になっている。


　一方、これまで訪れたイタリアの街は、どこもそれぞれの「色」をもち、統一がとれていた。茶、黄土色、黄色、クリーム色、橙、サーモンピンク、グレー……。ローマにあるのは遺跡と、古くて色褪せた建物ばかりだけれど、微妙な色たちのグラデーションが、やがて一つの大きな景色を作る。「見て！　見て！」と声をあげるかわりに、気づいてくれた人との対話を待って、じっとたたずむ街。

　毎日こんな景色に囲まれて育っていたら……。なるほど、先生はいつもそばにいる。

ローマは
おじいさんたちが
おしゃれ。

広場で
おしゃべりするだけなのに
きちんと背広を
着ている。

マンマの宝箱

LA MAMMA

タクシーに乗ってしばらく走った頃、運転手が突然「チャオ」と言った。「なぜ今頃?」といぶかると、なんてことはない、お客を無視して携帯電話でおしゃべりを始めたのだ。「マンマ、僕だよ。うん、まだ仕事。明日は一緒に食事できるから、待っててね」。電話の相手は、マンマ(母親)である。

テレビの人気コメディアンは週刊誌のインタビューで「毎日三回は母親に電話する」と答えていた。「彼女と話していると仕事のストレスが紛れるから、せっせと電話しちゃうんだよ」。イタリア人は家族の絆をとてもだいじにする人たちだけれど、マンマと息子のつながりは一段と強い。

イタリアのマンマ、といえば、私はすぐにコンチェッタさんを思い浮かべる。週二回、夫のオフィスの掃除にきてくれる彼女は、見るからにデンとたくましい、孫六人のノンナ(おばあちゃん)。働き者で、世話好きで、料理上手……と、イタリア映画に出てくるようなマンマのイメージそのままだ。

家事でわからないことがあると、私はなんでも彼女に聞く。ドライトマトのオイル漬けはどうやって作るの? 流しについた水道の石灰分の落とし方は? イタリア語がよく理解できなくて私がキョトンとしていると、ただでさえ大きいコ

イタリアのマンマの典型、コンチェッタさん。息子ジュゼッペさん、彼のガールフレンド、マルティーナさんと。

（上）ピカピカに磨かれた銀製品。
（下）暖炉には祖母の代からの鍋も。

ンチェッタさんの声はますます大きくなる。聞こえないのではなくて、言葉がわからない、のに。しまいに顔を見合わせて大笑いになる。

　夫が出張中のある日、「一人でごはんを食べるなんて、かわいそうに」と私を昼食に招いてくれた。

「ここがベッドルームで、こっちはバスルーム」。イタリア人の常で、家のすみずみ、クローゼットのなかまで開けて見せてくれる。聞けば毎朝四時半に起きて、オフィスや病院などの掃除をしているという。昼すぎに帰宅するとクタクタになっているのに、それから料理、洗濯、そして自分の家もピカピカに磨く。「家が大好きだからよ」。可愛い小物があちこちに飾られた、塵ひとつない部屋を見ていると、イタリアのマンマはなんて大変なのだろう、とため息が出る。

生地からすべて手作りのラザーニャは、コクがあって、なめらかで、これぞマンマの味。リコッタチーズとホウレンソウのラビオリや、ジャガイモのニョッキなど、得意料理をあげると長いリストができる。農薬を使わない新鮮なレモンが手に入ると、リモンチェッロという食後酒まで作ってしまうのだ。

娘三人は結婚し、二十歳の息子が家に残る。「末っ子で甘やかされて育ったけれど、とっても真面目でいい子なの。小さい頃は美少年コンテストで優勝したのよ」と、やはりマンマは息子が可愛いくてしかたがない。

旅行にも劇場にもいかず、贅沢をいっさいしないコンチェッタさん。「家族がいれば、自分のものなんて何もいらないんです。夫にも子どもにも孫にも恵まれて、私は本当に幸せ者！」。愛情込めて家をきれいに、だいじにしているのは、それが彼女の〝宝箱〟だからなのかもしれない。

洗面所にさり気なく置かれた手鏡やクシも銀製。

ジェノヴェーゼを作るには、新鮮なバジルはもちろん、松の実、パルミジャーノ、ペコリーノチーズも欠かせない。

PESTO ALLA GENOVESE

潮の香りのジェノヴェーゼ

「イタリア料理」とひと口に言っても、地方ごとに独自の味がある。北西部の港町、ジェノヴァの名物はＰｅｓｔｏ（ペスト）と呼ばれるジェノヴァ風ソース（ジェノヴェーゼ）。バジルと松の実、それにイタリアン・パセリやチーズ、ニンニクをすりつぶした緑色のソースは、パスタはもちろん、魚料理や野菜にも合う「万能のタレ」だ。

　ローマのスーパーでも、瓶詰めや真空パック入りのものが数種類売られており、お昼を簡単なパスタで済ませたい時によく利用する。パスタをゆでる時に輪切りのポテトも加えるのがポイントで、これによって粘りが増して、麺とソースがよくからむ。お皿の上でポテトをつぶしながら食べるのが、また乙だ。

　でも、なんといっても本場ジェノヴァで食べるのが一番！漁師さんたちが住む集落にある海辺のレストランで、迷わずジェノヴェーゼのパスタを頼んだ。

　テラス席の下は、海。入り江に小さな漁船がユラユラと揺れ、カモメがゆったりと旋回している。水に飛び込む子どもたちの歓声と、打ち寄せる波の音だけが聞こえる、のどかな午後だった。

　店のおばさんが一本、一本、両手のひらの感情線のあたりでひねって作ったパスタは、短めで、きれいな翡翠《ひすい》色に染まっている。ポテトだけでなく、インゲンも一緒にゆでるのが「より本場」の味らしい。そして、バジル！　いかにも摘みたて、という感じのフレッシュな香りが、さらりとした潮風に包まれて、ますます食欲をそそる。地元の白ワインとの相性も抜群だ。

　料理のボリュームもちょうどいい。「ローマ以南のレストランでは、量が多すぎて……」と私が言うと、町を案内してくれた地元のアルベルトさんが「そう。あれは人間が食べる量ではありませんよ」と合づちを打った。「だいたい南の連中は、食べきれない量を出すことが、もてなしだと考えている。ダサイですね」と、手厳しい。

ジェノヴァはイタリア最大の港町。あのコロンブスもジェノヴァの出身だ。

　イタリアにはイタリア人なんていない、とよく言われる。いるのは「ナポリ人」「ローマ人」「ミラノ人」といった地域ごとの人種で、それぞれが異なる文化や言語を持って「わが町が一番」と信じている。ジェノヴァをこよなく愛するアルベルトさんも「イタリアのパスポートなんて、ちっともうれしくない。本当はジェノヴァのパスポートが欲しいんですよ」と真顔で話していた。

　潮の香りのジェノヴェーゼ。どのレシピにも載っていないけれど、〈隠し味〉にはジェノヴァ人の誇りも、ひとつまみ。

松の木からとれる松の実が、ジェノヴェーゼのコクのもと。

犬も歩けば……

IL CANE

ドヴェ・ヴァイ?　ドヴェ・ヴァイ?

　向かいのアパートのおじいさんが、朝から大声を出している。ベランダから下をのぞいてみると、犬の散歩に出かけるところだった。

　散歩に連れていく、というよりは、大きなシェパードに引っ張られまいと、腰を落として綱引きをしている感じ。ドヴェ・ヴァイ!?（どこいくんだ?）。笑っては悪い、と思いながらも、犬を相手に真剣に怒鳴っている様子がなんともおかしいし、この攻防が毎日繰り返されるのだから、やっぱり笑ってしまう。

　ローマの人たちは犬が好きだ。アパート（といっても、日本の二、三倍の広さはあるのだが）で飼うのも当たり前で、ここでも四軒に一軒は飼っている。

　八十歳をすぎた上品なご婦人は、常に小さな愛犬ザックと一緒。「一人暮らしの老人には、最高の友だちよ。言うことは聞いてくれるし、甘えてくれるし。もう十二年も一緒なの」。ザックに話しかけながら仲良く買い物に出かける姿は、まるで親子のようだ。

　おなかが出たおじさんの後を歩くのは、似たような体形の雑種。犬のくせに散歩が大嫌いで、トボトボめんどうくさそうに歩いている。対照的なのがジムで鍛え

近所にあった
駐犬場のプレート

飼い犬が飼い主に似るのか、その逆なのか。

上げたサングラスのお兄さんと、いかにも強そうなボクサーで、こちらはいつ見ても走っている。スーパーモデル風の美女とブルドッグ、といった異色のコンビもいる。

昨年の冬は、なぜか赤いコートを着た犬がめだった。雨が降るとレインコートだってあるのだから、なかなか過保護である。スペイン広場近くの有名ブティックでは、主人と堂々と入っていく高級犬（白地に黒の斑点のダルメシアン）も見かけた。私などよりよほど場慣れした雰囲気で、可愛げのない犬だった。

日本の「ポチ」に当たる犬の代表的な名前は、イタリアではFido（フィード）。「信頼できるヤツ」という意味。

家の近くのバールには、駐輪場ならぬ駐犬場もある。店の外の壁に犬のマークが描かれていて、リードをつなぐリングが2頭分ついているのだ。そのうち犬用のメニューもできて、散歩の途中にワンちゃんも立ち飲み、なんてことになるのではないかしら。

一方であきれたり、腹が立ったりする現象もある。一つは、夏になると必ず増える捨て犬問題。長いバカンスに出かけたい、でも、ペットは連れていけないし、預けるとなるとお金がかかる……というわけで、犬を捨ててしまう身勝手な人が増えるのだ。

そして、もう一つの問題は、犬の〝落とし物〟。フン害といえばパリが有名だけど、ローマも決して負けてはいない。アパートで飼っている人たちに「犬のトイレはどうしているの？」と聞くと「散歩に連れていっているから大丈夫よ」とすまして答える人が多い。自分の家のなかは驚くほどきれいにする人たちが、一歩外に出ると汚しっぱなしなのが不思議である。

見かねたローマ市長は「犬の散歩にビニール袋を持たない人には罰金最高約一万七千円を課す」という新しいルールを決めた。だが、近所を見ているかぎりは相変わらず。「袋を持っていないと罰せられる？　でも、使用済みの袋を捨ててしまった後で警察官に見つかったらどうなるの？」などと言っている人がいるのだから、ああ、恐るべし、ローマ。

犬のフンばかり
気にして歩いていると、
上からいろいろ
落ちてくる。

男性が道端でうれしそうにジェラートを食べている姿は、ここでは当たり前。

ジェラートをアイス

IL DOLCE

たいていの店が休んでしまう日曜日のローマでも、花屋さんとお菓子屋さんだけは開いている。実家や友人の家に昼食に招かれた人たちが、手土産に花かドルチェ（お菓子、デザート）を持っていくからだ。日本ではケーキは箱に入れてくれるけれど、ローマではボール紙の台皿にのせて包装紙で覆い、細いリボンを十字にかけるだけ。そんな包みを両手でだいじそうに持って歩いている人を見ると、こちらまでちょっと幸せな気分になる。

レストランでメイン・ディッシュをしっかり食べ終えた後も、カメリエーレが必ず「ドルチェ？」と聞いてくる。もうおなかはいっぱいなんだけど……と困っていると「いや、ドルチェは別腹ですよ」。うーん。では、何がありますか？　待ってました、とばかりにカメリエーレは説明を始める。

自家製ティラミスにパンナ・コッタ、季節の果物をのせたトルタ（タルト）にマチェドニア（フルーツ・ポンチ）。リキュールが少々入ったレモンのソルベット（シャーベット）も。ワゴンに並んだ色とりどりのドルチェを見ていると、さっきまでの満腹感はどこへやら、いつの間にかクレーマ・カラメッロ（カスタードプリン）を注文している私……。たしかにドルチェは別腹だ。

イタリア料理は、日本料理と違って料

理そのものには砂糖を使わないから、その分、ドルチェは思いっきり甘い。ボリュームもたっぷりで、日本の三倍くらいの量がどーんと出てくるのに、慣れないうちはずいぶんと驚いた。

カトリックの国イタリアでは、ドルチェは祭事とも深くかかわっている。クリスマスの頃にはパネットーネ（フルーツケーキ）がお店に積み上げられ、主婦たちはスーパーで大きな箱を何個も買って帰る。

「おしゃべり」を意味するキアッキエッレという名前の揚げ菓子は、カーニバルの「季節限定品」。甘口のリキュールを混ぜた生地をリボンのような形に揚げ、粉砂糖をたっぷりまぶしてある。

復活祭にはコロンバという鳩の形のケーキや、大きな卵形のチョコレートが登場する。チョコレートは中が空洞になっていて、子ども用にはおもちゃなどが入っている。

さて、イタリアのドルチェといえば、なんといってもジェラート。スーツ姿のビジネスマンや、制服姿の警察官も、生クリーム付きの大きなジェラートをなめながら歩いている街だから、だれもがお気に入りの店を持ち、おいしいジェラート屋さん情報には敏感だ。

最近のヒットは、観光客でいつもにぎわうトレヴィの泉から、少し離れた路地にある「サン・クリスピーノ」という小さなお店。何人かの友人から「絶対一番」とすすめられ、わざわざバスに乗って出かけてみた。

試しに洋ナシとリンゴの二種類を注文すると、新鮮な果物の味がそのまま閉じ

＊ San Crispino（サン・クリスピーノ）
Via della Panetteria 42
11:00—翌0:30　火曜日定休。

込められた、イタリアには珍しく甘すぎない、繊細な味。ジェラートそのものの味を楽しんでほしいから、とコーンは使わず、紙カップでのみの販売というのも、こだわりを感じるではないか。

う――ん、おいしい！　いい店に出合えた喜びとともに、今までの自分のナンバー・ワンが負けてしまった悔しさもちょっぴり味わいながら、最後のひとさじをゆっくりとなめた。

Carnevale の子どもたちの仮装

広場や道路は子どもたちがまいた紙吹雪だらけ

24時間湧き水があふれる水飲み口。夏でもひんやりと冷たい。

お水はどれに？

L'ACQUA

イタリアで一番権威があるとされるレストランガイド『ガンベロ・ロッソ』で、「最高」と認定されているローマのレストランに行ってみた。三週間前から予約をとり、精一杯のおめかしをして出かけたディナー。席につくなり手渡されたのは、ぶ厚いリストだった。

さすが一流レストランはワインも充実している……と感心して開くと、なんとそれは「水」のリスト！　イタリアの北から南まで、地方ごとに水の銘柄が記されている。すましたカメリエーレに「お水はどれになさいますか」と聞かれ、私はひきつった笑顔で小さく答えた。「あ、普通のでけっこうです……」


水のリストを出された経験は、後にも先にもこの一回だけ。でも、イタリアではどんな安い店でも、まず「水は？」から始まる。炭酸が入ったガッサータか、炭酸なしのナトゥラーレ。日本からくる旅行者にはガッサータは人気がないけれど、のどを通るヒリヒリ感は慣れるとクセになる。消化を助ける働きもあるらしく、私はもっぱらガッサータだ。

テーブルにはたいてい大小二つのグラスがセットされていて、小さい方にワインを、大きい方に水を注ぐ。こちらで酔っ払いをほとんど見かけないのは、お酒と一緒に水もたくさん飲むからかもしれない。何ごとにおいても「まずは水を一

(上) 歴史を感じさせる水飲み口も多い。
(下) レストランでは水とワインが一緒に並ぶ。

杯」のようで、地下鉄でスリにあって泣いている女性に駅員が最初にとった行動も、彼女にコップ一杯の水を飲ませることだった。

ローマは噴水や泉の多い街。トレヴィの泉やスペイン広場など、観光客に人気の名所はどこも個性的な噴水が目印だ。広場や路地裏には、丸い郵便ポストを小さくしたような形の水飲み口があり、そこからは二十四時間湧き水があふれている。ローマっ子も犬も、旅行者も鳩も、のどを潤す立派な飲料水だ。

ところで、ローマで初めて水道が建設されたのは、紀元前の古代ローマ時代で、そのなかには今もローマの中心に水を送り続ける水道もあるという。二千年前の

古代ローマ人の技術には、ただただ驚嘆するが、それを今でも使い続ける現代のローマ人というのも、なかなかのものだと思う。

　さて、その水道水。夏もひんやりと気持ちがいいけれど、石灰（カルチョ）が多いのが難点だ。スーパーの棚には台所用、風呂場用と、カルチョ対策の洗剤がずらり。ちょっと掃除をさぼると、たちまち白い汚れがこびりつく。

　洗濯機には洗剤と一緒にカルチョを溶かす錠剤も使わなければならないし、お風呂の湯を沸かすタンクも、年に一回くらい業者を呼んで掃除をしてもらうのが常識らしい。去年、初めて「カルチョ取りのおじさん」を頼んだら、タンクからドサッと音をたてて白い塊がスコップ何杯分も出てきたのはショックだった。強い紫外線に乾燥した空気、おまけにこの水だもの。ローマの生活は美容にはかなり悪い。

　そういえば、最近ツラの皮がどんどん厚くなってきているけれど、これもローマの水のせい？

町のあちこちで
見かける水飲み口。
水は24時間流れっぱなし。
こうして指で
おさえると
上の穴から
水が出て
飲みやすい
犬は下から
飲みます。

フィレンツェ風ビフテキに使われるのはトスカーナ州キアーナ地方の牛肉。

BISTECCA ALLA FIORENTINA

花の都の体育会系料理

フィレンツェは中世ルネッサンスの面影を色濃く残す街。日本で言えば京都のようなしっとりとした古都だけれど、ここの名物ビステッカ・アッラ・フィオレンティーナ（フィレンツェ風ビフテキ）は、上品な京料理とは対極の、豪快なTボーン・ステーキである。

二〇〇〇年秋のこと。友人に教えてもらったアルノ川近くのレストランで、本場のステーキを食べてみた。「小さめをお願い」と念を押したのに、出てきた肉は厚さ三センチ、関取の草履くらい大きい。「一キログラムはないから、大丈夫ですよ」と店員はすましている。骨の重さも相当含まれているとはいえ、一人前六百グラムはあるだろう。メインの前に、やはり名物のパン入り野菜スープをしっかり食べてしまった私は、半分涙目になりながら、肉と格闘するはめになった。

外はカリッと、中はジューシー。塩・コショウとオリーブ油だけで味を付け、炭火でさっと焼いた骨付き肉は、血もしたたるレアもレア、というのがフィレンツェ風の特徴だ。とろけるような柔らかい肉、というのではなく、かみごたえもけっこうある。トスカーナ地方の赤ワイン・キャンティの力を借りてなんとか平らげたが、食べるのにもかなり体力を要する、体育会系料理だった。

翌日、ローマに戻ると、「イタリアでBSE（狂牛病）感染の牛、見つかる」のニュースで持ちきりになっていた。「じつは、フィレンツェでビステッカを食べてきちゃった……」と友人たちに告げると、「ああ！　それはヤバイでしょ」とばかりに、同情のまなざしが返ってくる。涙目になってまで無理して食べるのではなかった。私は心底、後悔した。そして、以来、ビステッカを口にしていない。

イタリアのBSE騒ぎはその後、何カ月も続いた。ローマでもしばらくの間、肉がさっぱり売れなくなり、老舗の肉屋さんが突然、魚屋さんにくら替えしてしまった、なんていう信じられない話もあった。

どんな小さな路地にも歴史を感じさせる名前がついている。

翌年の春にはBSE対策で骨付き肉の販売が禁止された。販売が許された最後のステーキ肉は、トスカーナ州の肉屋の主人らによって棺おけに入れられ、ビステッカを愛する大勢の人たちに見送られながら霊柩車で葬儀場に送られた。どんなピンチに陥っても、ユーモアと皮肉の精神を忘れない人々がいる、というのが、イタリアならではのたくましさである。

今、BSE騒動はひとまず収まり、フィレンツェのレストランでは子牛や、あらかじめ骨の部分をはずしたビステッカが出されているらしい。今度、ビステッカを食べる日が私にふたたび訪れたなら……。そう、パン入り野菜スープは絶対半分でやめておこう、とそれだけは心に決めている。

最後まで笑顔で食べられたら、体育会系。

列はどこ？

LA FILA

　スーパーのレジで順番を待っていたら、カゴを持ったおじいさんがニコニコ近づいてきた。「やあアンナ、久しぶりだねえ」。私の前の女性がアンナさんらしい。「あら、マリオ。元気？」「ああ。で、だんなの具合はどうだい」。話しながらジワリジワリと寄ってきたマリオさんは、あらあら、いつの間にか列に割り込んでいる。「いやぁ、私も来月で八十歳だよ。見えないだろう？」などと大きく振り返って言うものだから、私の後ろにいた数人の客もやれやれ、という顔だ。「たしかに頭はしっかりしていること」。だれかがつぶやいた。

　こと割り込みに関しては、ローマの人たちはかなり寛大だ。整然とした列ができている方がまれで、一つの列が途中から放射線状に広がったり、「列はどこ？」と聞きたくなる状況がしばしば。ドイツやオーストリアから訪ねてきた人たちは、こうした光景にびっくりする。この人の後はあの人、と互いの順番を掌握しあい、ルールを乱す者は厳しくとがめられる、というゲルマン系の人々は「ローマはなんていいかげんなの！」とあきれ、怒りながら帰っていくのだ。

　ローマ、というよりはイタリアのいいかげんさをヨーロッパ中に知らしめたのはユーロだった。二〇〇二年一月一日か

私、これ2つだけだから先にいいでしょ？
あっ、どうぞ…
ローマのレジはとてもユウヅウがきく。

年代もののレジが店に飾られていた。

人気の惣菜店には整理券があるが、その機械が壊れていることも。

らヨーロッパ十二カ国でいっせいに流通している通貨。準備万端、初日からきちんとユーロに切り替えたドイツ、オランダなどに対し、イタリアでは古い通貨リラとごちゃ混ぜになり、スーパーも郵便局も銀行も、最初の数週間は大混乱だった。そもそも準備の段階から、政府の役人は平然とこう答えていた。「最初の配布がうまくいかなくても、世界が終わるわけじゃない」

怒る力もガクッと抜け、私は思わず噴き出した。少しばかり予定が狂っても、まあいいじゃないか、なんとかなるさ、という思いっきりイタリアンな発想!

実際、ローマで暮らしていると、どんなにやきもきさせられても、最後はなんとか辻つまがあってしまうのだから不思議である。

友人のイズミさんからはこんな話を聞いた。大混雑するローマの郵便局にいったら、かなり高齢の男性が振替用紙を持ってやってきた。用紙には何も書き込んでおらず、窓口も何度か間違えて、あっちにいったり、こっちにいったり。そのたびによろけてフラフラと列に割り込むのを、周りの人々は「大丈夫かなあ」と見守っていたそうだ。

一時間近く費やして、やっと正しい窓口で振込みをする段になって、職員がひと言「十三ユーロ（約千八百円）足りませんよ」。老人は財布をひっくり返すのだが、お金はない。「キャンセルしますか。家に戻ってお金を持ってきますか」と問われて途方にくれている老人に、列の最後尾から長身の男性が声を挙げた。「僕たちが一人一ユーロずつおじいさんにカンパする、っていうのはどう？」

そうだな、そうよね、と並んでいた人たちが小銭を出し合い、老人は無事支払いを済ませたという。

「いいかげん」と「寛容」はコインの裏表。腹が立つことはいっぱいあるけれど、私はこんなローマが好きなのだ。

車やバイクがバラバラの向きに停めてある。

生ハムやサラミが豊富な食材店。

村のワイン祭り

IL VINO

ローマでスーパーのワイン売り場を初めて見た時の感激は今でも忘れない。跳び上がっても届かないほどの高さの棚に、上から下までワインがぎっしり。「わあ、こんなに！」と喜んでいたら、それは赤ワインのコーナーで、白ワインの棚はまた別にある。ほとんどが五百円前後、というのも驚いた。

手軽な飲み物だから、レストランでもたいていボトル単位で注文する。そうとは知らずに近所の店でグラスワインを頼んだら「えっ？　まあ、いいけど、ボトル一本でも値段は一緒だよ」と笑われた。レシートを見たら、本当に一本三百円！　それでおいしいのだから、ワイン好きにはたまらない。

そんなわけで、すっかりイタリア・ワインにはまっている私だが、その私が「しばらくワインはけっこう」と思ったのが、八月のワイン祭り。

イタリア在住三十年のヒロシさんと、その友人サンドロさんに誘われて、ローマから北に車で二時間ほどのサンドロさんの村に出かけたのだった。聞けば、秋の新酒が出る前に、去年の古い酒はぜんぶ飲んでしまおう、という「在庫一掃」祭り。人口二千の小さな村が、五日間の期間中は十倍くらいの人であふれるという。

夜九時すぎに村の広場に着くと、何軒

かのレストランが石畳の路上に長テーブルとベンチをぎっしり並べ、さながら村じゅうで夜中のピクニックだ。早い者勝ちで席を確保し、焼きブタやパスタ、そしてもちろんワインを注文する。どこも家族連れや友人同士で、ワイワイガヤガヤにぎやかなこと。「おーい、パスタはまだかあ？　腹ぺこで死んじゃうよー」などと叫びながらも、みんなとても楽しそうだ。

空腹に耐えかねたサンドロさんは、近くのサラミ屋でベーコンを調達してきた。そこでも「まあ、一杯やっていけ」と白ワインをごちそうになってきたというから、これは聞きしに勝る「へべれけ祭り」である。テーブルの上のワインも次々と空いていく。

でも、不思議なことに、こんなにもワインがあふれているのに、急性アルコール中毒で倒れる若者も、変な酔っ払いも、人にからんでいるおじさんも見かけない。みんな大声でしゃべって、食べて、飲んで、笑って、ゆったりした時間の流れに身を任せている。酒はあくまでも人生や食事をより豊かにするためのもの。酔うための飲み物でも、嫌なことを忘れるための手段でも決してない。

たらふく食べて飲んだ私たちは、午前様になる前に広場をあとにした。でも祭りは明け方の三時、四時まで続き、人々は五日間、毎晩のように繰り出すというのだから、その体力には恐れ入る。帰り道、サンドロさんはまた別のサラミ屋に寄り、例によって主人がうれしそうにワインを出してきたけれど、私は丁重に断った。

イタリアワインはバラエティに富んでいて、奥が深い。

築五百年以上の建物に囲まれた中世の広場の上には、満月を据えた星空が広がっていた。一角には若者の屋外ディスコができ、別の一角では老人たちが静かにポルカを踊っている。古いイタリア映画の一シーンのようで、私はしばらく見入っていた。

ピアーノ、ピアーノ

IL RISTORANTE

わが家の近所、バス通りに面したそのレストランは、イタリア西部に浮かぶ大きな島、サルデーニャの料理が専門だ。島出身の熟年兄弟二人が切り盛りしていて、扉を開けると「ボナセーラ（こんばんわ）、ボナセーラ」と、よく通る弟のテノールが迎えてくれる。なぜか必ず二回。それよりほんの少しくぐもった声で「ボナセーラ、ボナセーラ」と続けるのが兄だ。

「やあ、ようこそ、ようこそ。元気だった？　ここにくるってことは、元気な証拠だよね」。なじみの客がくるたびに軽口をたたき、店のあちこちで笑い声がはじける。時々厨房からコックさんの鼻歌が聞こえ「おーい。お客様がいらしてるんだ。もっと上手に歌え！」なんて茶々も入る。

イタリアのレストランはこれだから楽しい。わざわざ高級店にいかなくても、手頃な値段でおいしい料理を味わえる店がいっぱいあるし、サルデーニャの兄弟のように、プロに徹したカメリエーレのテキパキした働きぶりも気持ちがいい。

彼らは客の食べる速さをさりげなく、細かくチェックしては厨房に伝えているから、前菜を食べ終えたとたんに、絶妙のタイミングでゆでたてのパスタが運ばれてくる。大勢でバラバラのメニューを頼んでも、お皿が同時にそろうのもうれ

レストランで給仕をするのは、ほとんど男性。カメリエーレと呼ばれる彼らの仕事ぶりは実に見事だ。

こんな女性が厨房にいる店は、絶対おいしい。ローマの下町のレストランで。

しい。おいしいものを一番おいしい状態で食べさせる、そんな当たり前のことが、イタリアのレストランではきちんと守られているのだ。

一方、客も妥協しない。カメリエーレにおすすめの皿や調理法をあれこれ質問しながら、メニュー選びにたっぷり時間をかける。カメリエーレもそのための時間を惜しまない。トスカーナ料理店で私がさんざん迷っていたら、白い背広のベテラン・カメリエーレが耳元でこうささやいた。

「キ・ヴァ・ピアーノ、ヴァ・サーノ、エ・ヴァ・ロンターノ」

おまじないのように聞こえたのは「ゆっくりいく者は安全に遠くまでいく」と

いう諺らしい。ピアーノ（ゆっくり）という単語がキーワードだ。

ピアーノ、ピアーノ。レストランでも、日常生活でも、イタリア人はしょっちゅうこの言葉を口にする。もうおなかがいっぱいで食べられない、という時でも「大丈夫。夜は長いのだから、ピアーノ、ピアーノ。ゆっくり食べれば入りますよ」なんて言われてしまうのだ。従えば、体重もコレステロール値も確実に増える魔の言葉だが、その響きはなんともやさしく、おおらかだ。

「食」の国のこだわりは、テーブルクロスやナプキンにも表れる。どんなに大衆的な店でも糊のきいたクロスが二重に敷かれ、布ナプキンがきちんと畳まれている。色づかいはさすがイタリア、とパリからきた友人が感心するセッティング。夏の間は店の外にテラス席がつくられ、テーブルの上で小さなキャンドルの明かりが照れくさそうに揺れる。歴史のある建物や石畳と相まって、なんともロマンティックだ。

で、「キャンドルを持つ」と言えばイタリアでは「お邪魔虫」のことだそうだ。恋人たちのテーブルの横でじっとキャンドルを持っている人がいたら、なるほど、それはお邪魔だろう。

夕食は8時過ぎから、たっぷり時間をかける。

ローマの特産品プンタレッレ。

LA VERDURA

八百屋学校の粋な教材

アパートから歩いて五分ほどの坂の上に、熟年夫婦が営む小さな八百屋がある。

おばさんは野菜や果物を芸術作品のように並べていて、客が勝手に手に取ろうものなら「だめ、だめ！　欲しい物があるなら私に言いなさい」と、店の奥から大声とともに飛んでくる。そんなわけで、ここでは「リンゴ二個とジャガイモ四個下さい」などと、買う物を言葉で伝えなくてはならない。イタリア語初心者の私には、ドキドキする瞬間だ。

ＭＥＬＡ（リンゴ）やＰＯＲＲＯ（ポロネギ）など、ＬやＲが含まれる単語はとくに緊張する。外国人なんだから大目に見てよ（いや、聞いてよ）、と思うのだが、おばさんは「いまなんて？　リングォじゃなくて、リンゴでしょ」といった具合に、ミスを絶対聞き逃さない。温厚なおじさんと二人、粘り強く私の発音や文法を正してくれるので、ネギ一本買うつもりが、なかなか帰してもらえない、なんてこともしょっちゅう。そう、ここはどんな語学学校よりも厳しく、役に立つ、生きたイタリア語の教室だ。

イタリアの野菜はおいしい。ナスやピーマンなどはびっくりするほどサイズが大きく、たいていの野菜は不ぞろい、不恰好だ。でも、日本のスーパーで買う均一化された野菜にはない、力強い味がある。もともとは道端の雑草だったルコラなどは、その代表。野性味あふれる、苦みばしったサラダは、一度食べると病みつきになる。

　煮ても、フライにしてもおいしいカルチョフィ（アーティチョーク）や、不気味な形をした黄緑色のブロッコリーなど、珍しい野菜もいっぱい。ハーブ野菜のフィノッキョ（フェンネル）は、根元の部分を薄く切って生で食べると、消化促進作用があるらしい。それから、鮮やかな黄色が見ているだけで楽しいズッキーニの花。モッツァレッラチーズとアンチョビを詰めてフライにすると、しゃれた前菜になる。

　そして、プンタレッレ。茎の部分を縦に細かく割いてサラダにすると、シャキシャキした歯ざわりとほろ苦さがなんとも日本人好み。水菜とかセロリ、チコリにも似た味で、アンチョビベースのドレッシングとの相性が抜群だ。

mela ?
mera ?
SMA
LとRがいつもわからなくなる……。

「冬場の一時期、ローマでしかとれない貴重な野菜なのよ。わざわざミラノから買いにくるお客さんもいるんだから」と、八百屋のおばさんは得意げに話していたが、なんと日本でもプンタレッレを栽培している農家があることを最近、テレビで知った。

　遠く離れたアジアの国で、イタリアでもなかなかお目にかかれない、ローマの伝統野菜が食べられるんですよ！

　おばさんにそう教えてあげたいのだけれど、きっとこう言われそう。

「いまなんて？　ＰＵＮＴＡＲＥＬＬＥ（プンタレッレ）、って正しく発音してごらんなさい！」

形や大きさはバラバラ。「おいしければいいじゃない」

気分は女優

BELLA

チャオ・ベッラ!

トマト屋のおじさんにそう言われてドギマギしたのは、ローマで暮らし始めて間もない頃だった。ベッラは直訳すれば「美人」。それが「奥さん」とか「お嬢さん」に代わる、親しみを込めたあいさつ言葉であると知った時は、なあんだ、と少しがっかりした。

相手が男性だとベッロになり、ごく普通のおじさん同士が道端で「やあ、ベッロ。元気かい」なんて声をかけあっていたりする。赤ちゃんに対しても、もちろん本当に美形の男女に対しても使う言葉だから、イタリア語のベッラ、ベッロの守備範囲は極めて広い。


ベッラといえば、毎年九月上旬、イタリアは「ミス・イタリア」コンテストで大いに盛り上がる。各地の予選を勝ち抜いた百人以上のミスが地元の声援を受けて出場し、国営放送がゴールデンアワーに四晩も生中継する力の入れようだ。

女性たちは水着やドレスをとっかえひっかえ登場し、電話による人気投票や敗者復活戦(!)まであるので、最終日の最後の最後まで候補はなかなか絞られない。このダラダラ感、そしてここまで臆面もなく「ベッラ」を追求する国民性はいかにもイタリア、だ。

コンテストの審査委員長を務めた往年の大スター、ソフィア・ローレンは、イ

カーニバルの衣装をまとった女の子

タリア美人の典型として今でも一目おかれている。日本人の感覚からすると、かなり濃いめでボリューム感のある女性がイタリアではもてるようで、重要視されるのは可愛らしさではなく、セクシーさ。いくつになっても女性が女性として尊重され、決してオバサン扱いされない点は、とかく若さばかりがチヤホヤされる日本とは大きな違いである。

　ローマの女性たちを見ていると、たとえ一般的な「美」の基準からはずれていようとも、自信に満ちあふれているところがあっぱれだ。シミやシワがあろうが、太っていようが、私は私よ！　見てちょうだい！　とばかりに背筋を伸ばし、堂々と歩くマダム。むやみに愛嬌を振りまかず、ツンとすましたシニョリーナ。見られていることを常に意識した彼女たちの立ち居振る舞いは、だれもがしっかり女優さんなのだ。

　そう、イタリア女性の「きれいの素」は、ファッションセンスもさることながら、この「女優気分」にあるのかもしれない。

イタリア女性にも
小柄な人はけっこういるが…..
メリハリが全く違う！
私のカラダは決して
重力に逆らわない。

九十歳の元オペラ歌手を、ミラノのご自宅に訪ねる機会があった。どう見ても六十代にしか見えない彼女の美しさに見とれながらインタビューを終え、では写真撮影を、という段になって彼女は言った。「今日は美容院にいっていないので、撮影はご遠慮下さい」。そうおっしゃらずに、とこちらが粘ると、プリマドンナはすっと別室に消えた。

十五分ほど待たされただろうか。ふたたび現れた彼女は髪をきれいにセットしなおし、さらに入念なお化粧で一段と輝いている。「では、どうぞ」。カメラの前には完璧な微笑があった。

美女は一日にして成らず——。赤ちゃんの頃からベッラと言われ続けるイタリアーナは、生まれてから死ぬまで、イタリアーナなのだ。

イタリアの美女は濃ゆい
Buona sera
こういう顔ばかり見慣れてしまうと、自分の顔はなんてシンプルなんだ！と感心してしまう。
国営放送で毎晩こんなおねえさんが「番組案内」をしている。

じーっと、ぱーっと

SALDI

坂の上のスーパーまで買い物にいく途中、歩道に面したさまざまなお店のウインドウを冷やかしながら、のんびり歩くのが好きだ。靴屋、花屋、アクセサリーのブティック……。ローマの住宅地ではアパートの地上階に個人商店が入っている場合が多く、どこもウインドウの飾り付けに凝っている。ウインドウ・ショッピングが大好きなローマの人たちは、時に腕組みしながら、時に友だち同士で品評し合いながら、じーっと眺めている。

　この「じーっと」の時間が、じつはだいじ。なぜなら、ここでは決して「お客様は神様」ではなく、店に入るにはそれなりの覚悟がいるからだ。よその家にお邪魔する感覚で、客の方からこんにちは、とあいさつして入るのが普通だし、「見ていいですか」「触ってもいいですか」と、いちいち店員に断るのも礼儀。入るからには買う気充分、と見なされるので、私は近所のアンティーク小物店の前でくる日もくる日もじーっとしながら、ついに入る勇気を出せなかった。残念……。

　さて、そんなローマで人々が年に二回、ぱーっとなるのが一月と七月のサルディー（バーゲン）の頃。イタリア中で一カ月くらい続き、地方によって開始時期が若干ずれるので「ローマでは今週末からサルディーが始まります」などとテレビニュースにもなる年中行事だ。数日前か

靴屋さんで 22.5cm の靴を試していたら
他の客たちから 「わぁー 小さーい！」と
注目されてしまった。
ほっといてくれ…
でも バーゲンになると
小さいサイズが余っていて得する。

全品50%引きのポスターを見ると、ついウキウキしてしまう。

ら値札のつけかえ準備が始まり、前日はウインドウに覆いをして臨時休業する店も。そして迎えるサルディー初日、手品でハンカチをひいた時のように、ジャーン、とウインドウがいっせいに変わる。

SALDIの赤い文字や30%引き、50%引きなどの数字が街中に踊るから、なんだか妙にウキウキする。

人気のブランド靴店では入り口で入場制限をするから、一時間以上並ばなけれ

ばならない。サルディーといえども、店員が一対一で応たいするシステムを崩さない、ブランド店の誇りだろう。サルディーの時しかこういう店には入らない私は少々居心地が悪いが、小さいサイズが売れ残っている場合が多いので、暑さや寒風にもめげず並んでしまう。

もちろん、普通の店のサルディーには入場制限なんてない。鏡の前で迷っていると、隣の試着室から知らない女性が顔を出し「さっきのスカートも似合っていたわよ。二枚買っちゃいなさいよ、半額だもの！」なんて背中を押してくれたりする。一方、ローマの店員は客にお世辞を言って無理に買わせないところがいいのだけれど「あら。そのパンツはあなたに合わないわ。同じSサイズでもイタリア人とは骨格が違うからねえ」なんてズケズケ言われると、さすがにちょっと傷つくのだ。

初日にいってもいいモノはもうなくなっていた、なんていう場合は、お得意さんの分は別にキープしてあるのよ、と友人のミンマさんが言っていた。「お友だち社会」イタリアでは、日頃のつきあいがこういう時にもモノをいうらしい。

ところで、サルディーの時期になるといつになくにぎわうのは、洋服の丈やサイズをなおすお店。ローマ市内に何軒かあるチェーン店では、そろいのTシャツ姿のお針子さんが十数人、ミシンに向かって忙しそうに働いている。じーっと見て、ぱーっと買い、ぴたっと着る。これぞイタリア式賢い買い物術、おしゃれ術なのだろう。

「お厚い」のがお好き

IL BELL'UOMO

ローマでイタリア語を習っていた時、授業でこんな会話の練習があった。スポーツジムで女性二人がプールサイドの男性を見ながら話している、という想定だ。「見て、アンナ。ルイジってカッコいいわよねえ」「ほんと。五十すぎなのに若く見えるわ」「ええ!? 信じられない」「あら、いくつだと思ってたの?」「せいぜい四十歳くらい、かな」

こんな例文が真面目に取り上げられるのだから、イタリアの語学学校は楽しい。そしていくつになっても、いつでもどこでも、オトコとオンナは互いの視線を意識していなければならない国なのだなあ……と、文法以外のことも学んで妙に感心した。

プールサイドのルイジさんではないけれど、イタリアでは「いい男」と言えば鍛え上げられた肉体のイメージが強い。とりわけ重要なのが厚い胸板。イタリア男性のスーツ姿がカッコいいのも、七十歳をすぎたジョルジオ・アルマーニ氏が冬でもTシャツ一枚で決まっているのも、厚い胸板の力が大きいと思う。

鍛えられた肉体に厚い胸板といえば、イタリアではやはりサッカー選手。女性ファッション誌がセリエAサッカー選手のヌードカレンダーを目玉付録にしたこともあった。日頃もの静かで奥ゆかしい友人のミンマさんが「急がないと売り切

決して大柄ではないのに、がっしりした体格の人が多い。

街のあちこちで見かける彫刻も、もちろん厚い胸板。

れちゃう！」と言うので、発売と同時に買ってしまう。どのページをめくっても、ローマの街のあちこちで見かけるミケランジェロやベルニーニの彫刻のようだった。

ところで、ローマで暮らし始めて間もない頃、夫が突然、原因不明の高熱を出した。体温はみるみる四十度を超え、真夏だというのに布団を重ねてガタガタ震えている。ひょっとして、マラリア……？　イタリア語がほとんどできなかった私は、英語版の電話帳を頼りにあちこち電話をかけ、やっと英語が通じる医者を探し出した。

仕事が終わり次第、往診にきてくれるというので待つこと数時間。夜中の零時近くなってようやくわが家に現れたその医者は、三十代後半、赤みがかった髪にあごひげもはやした〃赤ひげ先生〃だった。

　Tシャツ、ジーンズの上に白衣をはおり、がっしりとした胸板がいかにも頼もしい。言葉の通じぬ異国で病気になることほど不安なものはないけれど、真夜中に現れた誠実そうな医者は、まるでスーパーマンに見えた。

「まず状況を詳しく話して下さい」。先生はじっくりと耳を傾け、それから夫の胸や背中をたたいてポンポン、と八百屋が自慢のスイカを売る時のような快音を出した。

　さて、診察を終えた先生を玄関までお見送りすると、彼は「ご心配でしょう、マダム。でも大丈夫です。何かあったらいつでも携帯に電話して下さい」と私の手を取り、甲にチュッとキスをして去っていったのだ。奥でウンウンうなって寝ていた夫には申し訳ないけれど、私は心のなかで（きゃあああ）と叫んで、しばしポーッとした。

　夫の熱は翌々日には下がり、赤ひげ先生とその後会うことはなかった。「マダム」と呼ばれたのも、厚い胸板の男性に手にキスをされたのも、これが最初で最後だった。

牛乳で作られたものもあるが、モッツァレッラといえば本来は水牛の乳だけで作ったものを指す。

LA MOZZARELLA

ローマのナポリ屋

お隣のアパートの一階に、ナポリのチーズ屋ができるらしい。そんな噂がご近所で持ち上がったのは、ローマ暮らしを始めて間もない頃だった。開店を心待ちにしていたのに、いつまでたっても「改装中」。そのまま七、八月と長い夏休みに入ってしまい、ようやくシャッターが開いた時には、秋もすっかり深まっていた。

　やる気をまったく感じさせないボサボサ頭の主人は、店先でタバコをくゆらせながら、日がな一日、道ゆく人をぼんやりと眺めている。がたいの大きい彼が入り口をふさいでいては客も入りにくく、今日は「ナポリ屋」に客がいるか否か、と夫と賭けをするほど、はやらない店になっていった。

　半年あまりで店じまい。「ナポリの人間は怠け者だからよ」と、口の悪いローマっ子は言うのだった。

　ところが数カ月後。同じ場所に同じ「ナポリ屋」が、店主だけ代えて再オープン。愛想のよい中年夫妻はローマでは珍しく、ほとんど年中無休の商売を始めた。「働くのが楽しいから、休んでいられないよ」と笑う二人は、もちろん!?　ナポリ出身者。たちまち、いつもにぎわう人気店に成長した。

「生ハムと一緒にパンにはさん

で食べるチーズは?」「食前酒のおつまみにおすすめのものを」「メインの後に赤ワインと味わいたいの」……。希望を伝えれば、ショーケースに並んださまざまなチーズのなかから、店主が最適の種類を選んでくれる。家の隣にいつでも新鮮なチーズがある、というのは、実にぜいたくで幸せな状況だ。

そのナポリ屋で、私が一番気に入っているのは、水牛のモッツァレッラ。パック詰めのものはスーパーでも買えるけれど、ナポリ屋のものは豆腐屋の豆腐のように、水（塩水）に漬けてある。丸い、白い固まりを、店主がそおっと手ですくい取り、ビニール袋に塩水と一緒に詰める。ほかのチーズ同様、量り売りなので、新鮮なものを欲しい量だけ買えるのがいい。

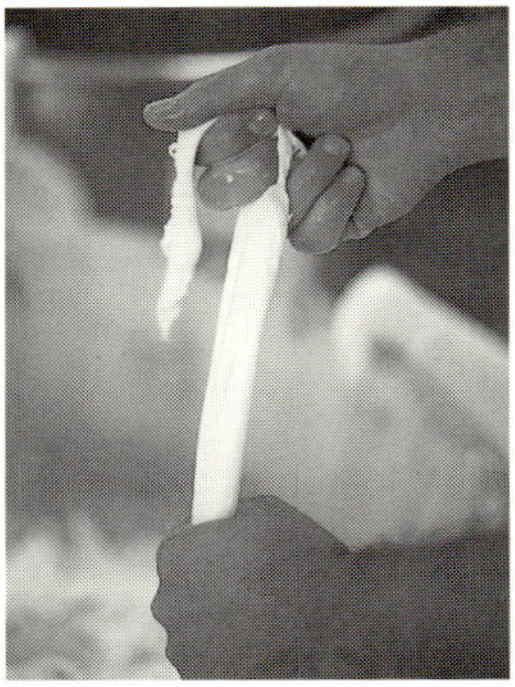
この弾力こそがモッツァレッラのいのち

小さくちぎったモッツァレッラはスライスしたトマトの上にのせ、塩、コショウ少々とオリーブ油、そしてバジリコをまぶす。モッツァレッラの独特の甘みが、口のなかでふわーっと広がり、赤ちゃんを抱きしめた時のような、なつかしい香りが鼻腔をくすぐる。食欲がなくてもいくらでも喉を通る、やさしく、ふくよかなチーズだ。

ところで、美白信仰のないイタリア人女性たちは、夏になるとせっせと肌を灼く。バカンツァ（バカンス）の時期に白いままでいようものなら「モッツァレッラのよう」とからかわれるのだそうだ。

表面はツルツルで、モチモチと弾力のあるモッツァレッラ。ああ、一度でいいから「モッツァレッラのよう」と、言われてみたいものだ。

モッツァレッラ工場の陽気な従業員たち。

CAFFÈ

アパートの鍵貸して

LA CASA

ローマで一年半借りていたアパートから追い出されることになった。もともと高齢の大家さんが売りに出していた物件で、買い手が見つかったのだという。「三カ月以内に新しい家を見つけて出ていって下さいな」。契約書どおりとはいえ、突然の通告に呆然となった。

何せ、ここはローマ。築何十年、何百年、という建物はいくらでもあるけれど、新築のアパート（日本でいうマンション）はほとんど存在しないのだ。生活圏を変えたくないから、新しい住まいも近所がいい。でも、それは落としたコンタクトレンズをスペイン広場で探すくらいの難題に思えた。

「不動産屋さんに当たるのもいいけれど、イタリアは何ごとも〝お友だち社会〟ですから」。夫のオフィスで働くイタリア人スタッフが教えてくれた裏ワザは、近所のアパートを一棟ずつ訪ねる方法だった。住人のことならなんでも知っている門番さんが住み込んでいる場合が多く、門番さん同士の横の連携も強い。「向かいの四階がもうじき空くよ」といった耳より情報は、彼らが一番知っているという。

建物の外壁に貼られている手書きのビラも要注意。「貸しアパート。3部屋に台所。広いテラスつき」といったものだ。インターネットの時代に、口コミや手書きのビラの方が役に立つなんて、そこはいかにもローマらしい。

ところで、ローマで初めてアパートの鍵を渡された時は、その数の多さに驚いたものだ。アパートの敷地に入る門でまず一カ所、続いて建物の入り口で一カ所。各戸のドアにはたいてい三カ所の鍵がかかり、日本では見たこともないような長い鍵をガッチャンガッチャンと五回くらい回したりする。「アパートの鍵貸します」というのは、ここではかなりオオゴトだ(でも、これだけ厳重にしていながら、夏のバカンス中にドアごと空き巣に持っていかれた人もいる)。

家探しは案の定、厳しい展開になった。「この辺は年金生活者が多いから、人の動きはほとんどないんだよ」と、門番さんは肩をすくめるばかり。ビラは、はがし忘れた年代モノが多く、不動産屋の物件は賃貸が少ないうえにどれも「帯に短し、襷に長し」だ。

「部屋が見つからない、って? でも、いつかはなんとかなるものよ」。買い物にいくと毎度八百屋のおばさんに慰められ、広場では「八百屋さんに聞いたよ。何か情報があったら教えてあげるね」と、ペンキ屋さんや花屋さんに声をかけられる。

ああ、このままではホームレスかも、と落ち込んでいたある日。たまたま入った不動産屋さんで「たまたまこんな物件が出ました」と、家から歩いて五分のアパートを紹介された。住人の家族に不幸があり、急にローマを離れることになったという。

さっそくお宅を見にいくと、まるで美術館のようなしゃれたインテリア。外はいくら古くても、中は気合いの入った別

新築の建物や高層ビルがないから、ローマでの家探しは大変。でも何百年と変わらぬ景観が今も残っている。

世界が広がっている、イタリアならではのすてきな家だ。絵や家具はもちろん彼らの持ち物だが、愛情をいっぱいかけられた日当たり抜群の部屋に、夫も私もひと目ぼれをした。

新しい大家さんからもらった鍵は小袋いっぱいになった。ずっしりとした重さが今回ばかりは心地よい。「ね？　いつかはなんとかなるものでしょ？」。八百屋のおばさんのニンマリした顔が目に浮かんだ。

毎日が「スリ」リング

IL LADRO

共和国広場前で友人と別れ、地下鉄のホームで電車を待っていると、背中に何やら気配を感じる。そおっと振り返ると、私のリュックの外ポケットに手を入れている少女とばっちり目があった。「わっ、やられた！」と思った時には、少女の姿はない。幸い、ポケットにはティッシュペーパーしか入っていなかったが、胸のバクバクはしばらく収まらなかった。

ローマ名物ともいえるスリとの闘いは、ここで暮らしているかぎりは常につきまとう。「混雑したバスのなかで大声でけんかしているカップルに気をとられていたら、その仲間らしき者に財布をすられたの。もちろん、けんかはウソだったわけ」とか「バッグの底をナイフで切られ、財布だけが抜き取られていた。いつ、どこで切られたのか、さっぱりわからない」という話を、旅行者だけでなく、イタリアに長く住んでいる人や、イタリア人からも聞く。

映画「甘い生活」の舞台にもなり、高級ホテルやブティックが立ち並ぶヴェネト通りでも、陸上の百メートル走者だったベン・ジョンソン氏が財布をすられた。元オリンピック選手が猛ダッシュしても犯人に逃げられたというのだから、ローマのスリのすばしっこさはなみたいていではない。

そんなわけだから、地下鉄やバスに乗

おしゃべりも夢中になりすぎないように。

スリにも ナンパにも
あわない 恰好
やはり おカネ持っていそうな
人が 狙われます
PRADA
GUCCI

スペイン広場など観光客が集まる場所にはスリも多い。

る時、あるいは大勢の人が集まる観光名所などでは、最大限の注意が必要だ。まずだいじなのはバッグの正しい持ち方で、必ずたすきがけにし、おなかの前でしっかり手で押さえておくこと。リュックも背負わずに、カンガルーのように前で抱えるほうがよい。見た目は決しておしゃれではないけれど、スリ対策のためには

「背に腹は変えられない」。

それから、顔の横や背中にも目を持つくらいの気持ちで、身のまわり三百六十度、常に注意を払っている必要がある。ローマの地下鉄やバスに乗っている時の私は、東京の数倍は目つきが鋭く、いつでも「シュワッチ」の体勢がとれるほど身構えている。おかげで、その後スリには一度もあわないけれど、「ナンパ大国イタリアにいながら、男性から一度も声をかけられない」記録も更新し続けている。まあ、これはまた別の要因だと思うけれど……。

「靴がすり減っている人には要注意」と書かれた本もあったので、乗り物のなかで人の足元を観察するクセもついた。イタリア人は人一倍靴のおしゃれに気をつかうから、靴の汚い人はそれだけで怪しまれるらしい。でも、車内で一番汚かったのは、じつは私の靴だったりして、帰ってあわてて磨いたことも。

旅行会社に勤める日本人社員からはこんな話を聞いた。ミラノに住む日本人夫婦の車が盗まれた。ところが数日たって車は戻り、車内にこんな手紙があったそうだ。

「出来心で車を盗んでしまい、本当に申し訳ありません。せめてものおわびの気持ちを同封しますので、どうぞお許し下さい」

封筒のなかにはスカラ座のオペラのチケットが二枚。なかなか手に入らないチケットだ。さすがミラノの泥棒はしゃれている、と喜んでオペラに出かけた夫婦。帰宅してびっくり！　家をあけている間に、かねめの物がごっそりなくなっていた。

夜ごはんはピッツァ・バッサ

LA PIZZA

家の近くのパン屋さんは、昼どきがラッシュアワーだ。「60番の人」「はい、私よ」「お次、61番は」「わしだ、わし」。整理券を手にした客と店員とのラリーがカウンター越しにポンポン続くので、番号を呼ばれて「エッコ・ミ（ここよ）」と手を上げるのに、最初はちょっと勇気がいった。

中が空洞の丸いパン、ロゼッタや、スップリという名前のライスコロッケみたいなものが人気だが、一番の売れ筋は切り売りのピッツァ。天板で四角く焼き上げた生地に、トマトソースをのせただけのシンプルなものや、オリーブ油をかけただけの白いピッツァ（ピッツァ・ビアンカ）を、ハサミで適当な大きさに切ってもらう。

こうしたピッツァは昼食やおやつ用で、丸い本格的なピッツァは夜ごはんに食べる、というのはローマにきてから知った。だからピッツェリーア（ピッツァ専門のレストラン）もたいてい、夜しか開いてない。

近所にある「意地悪な唐辛子」という名前のピッツェリーアは、週末の夜には必ず行列ができる薪《まき》の窯《かま》で焼く店だ。赤ちゃんからおじいちゃん、おばあちゃんまで一家総出できていたり、高校生の男女数人が仲間の誕生日を祝っていたりする。ピッツァの種類は四十以上。どれも

生地が薄く、香ばしいのがローマ風。

「バッサ（薄い）？　アルタ（厚い）？」と聞かれるので、パリッと薄いローマ風か、もちっと厚いナポリ風かを好みで選ぶ。私はだんぜんバッサ！　そしてピッツァにはなんといってもビールが合うから、ちょっと赤味がかった生ビールを飲みながら待つ。

店の奥では生地をこねる人、トッピングをする人、釜に入れて焼く人の流れ作業だ。二十分ほどで運ばれてくる熱々のピッツァの直径はわが家の中華鍋ほどもあり、それを小学生でも老人でも、一人

ピッツア・ビアンカは
子どものおやつとしても
人気がある。

一枚平らげるのだから、半分で苦しくなる私とは鍛え方がつくづく違う。

しかも、こちらの人たちは料理を仲間うちでシェアしないようで、だれもが自分の注文した皿に責任をもつ、という感じだ。ピッツァにタバスコをかける人も、本場では見かけない。

さて、ローマのピッツァといえば、下町のトラステーヴェレ地区が有名。安くておいしい店がひしめいていると聞いて、初秋のある晩、友人のナディアさんと小さな路地裏にある「ラ・ポエータ（詩人）」という店に入った。

八時半の開店と同時に地元客で埋まった店内は、ワイワイ・ガヤガヤ・ワッハッハがこだまし、詩人のイメージとはほど遠い騒々しさ。両手にピッツァを高く持ち上げた店員たちが、狭いテーブルの間をまるでサルサを踊るようにすり抜ける。私たちは黄色が目にも鮮やかなフィオーリ・ディ・ズッカ（ズッキーニの花）のピッツァと、素朴なマルゲリータ（トマトとモッツァレッラチーズとバジルのピッツァ）を取った。ビールと食後のティラミスを頼んでも二人で二千円しないのだから、ローマっ子で毎晩にぎわうわけだ。

すっかり満足して外に出ると、さっきまでの雨が上がっていた。石畳の路地が黒く光り、色褪せた建物やオレンジの街灯と相まって、セピア色の絵葉書のようだ。トラステーヴェレはそぞろ歩きが楽しい。もうちょっとだけ、ブラブラしていこうか。おなかいっぱいの詩人になった気分で、星空をあおいだ。

お昼を軽く済ませたい時、エノテカでワインとブルスケッタなんていうのがちょうどいい。

「崩れゆく村」――ローマから北に車で二時間ほどの村、チビタ・ディ・バンニョレッジョは、人々からそう呼ばれている。

標高千メートルのがけの上にある。長年、強風にさらされてきたがけは年々侵食され、文字通り「崩れゆく」状況なのだ。下界とは一本の橋でつながっているだけで、村にいくには橋の入り口で車をおりて、上り坂をテクテク歩いていくしかない。

サンドロさんの食堂は、そんな村にある。食堂といっても、そこはなんと三千五百年前の洞窟！　夏でもひんやりと涼しい岩の小部屋に、小さなロウソクを灯したテーブル席が四つある。

メニューは自家製ワインと軽食のみ。妻のマリアさんが暖炉で焼くブルスケッタの香りに誘われて、欧米人観光客が三々五々、訪れる。ブルスケッタ、といえばガーリックパンの上にトマトをのせたものが一般的だが、マリアさんはオリーブの実、ピーマン、キノコなど、さまざまな具のブルスケッタを出してくれる。

二十種類くらいあるそうだが、「ガーリックパンにオリーブ油をかけただけのものが、私は一番好き」と、マリアさんは言う。オリーブ油も自家製で、そのまま飲めてしまうほどサラリとし

LA BRUSCHETTA

洞窟のブルスケッタ

ていて、まろやかだ。なるほど、これぞ究極のブルスケッタだろう。

　昔はロバが石臼の周りをグルグル回ってオリーブ油をしぼっていたそうで、店の入り口には五十年前まで現役だった、という五百年前の石臼が残っている。店の壁には使われていない木製の扉もあった。ガタガタの扉にさまざまな形の木片が、パッチワークのように打ち付けてある。

「その時代、時代に、人々がその時あった材料で修理しながら、だいじに使い続けてきた扉なんだ。今は使っていないけれど、その思想を忘れないために、残してあるんだよ」。赤ら顔のサンドロさんが、誇らしげに教えてくれた。

　自家製のワインはワイングラスなど使わず、普通のコップでグイグイと。店主のサンドロさんも、すっかり腰を落ち着けて一緒に飲んでいる。
「少しだけど、今年搾りたてのワインもあるよ。飲んでみるか?」。添加物いっさいなしの極上のぶどう酒は、いくらでも飲めてしまいそうだった。
　三千五百年前の洞窟のなか、ブルスケッタとワインを堪能しながら、あれ、今は二〇〇〇何年だっけ?　と一瞬めまいがした。
　洞窟の外では、昔も今も変わらぬ太陽が沈もうとしていた。

＊サンドロさんのブルスケッタの店＊
Antico Frantoio

住　所	Porta della Maesta' Civita di Bagnoregio (Viterbo県)
電　話	0761-948429（イタリア語）
営業時間	10：00－20：00 冬季（12月から3月）は週末のみの営業。

サンドロさんと別の家族が交代で営業している。おいしいブルスケッタを食べるには、必ず電話でサンドロさん家族が営業していることを確認してからいった方がいい。

2000
BOLGHERI
Imbottigliato all'origine
Tenuta San Guido

北イタリアに比べて、ローマの人は背が低く、黒っぽい髪の人が多い。

そうよ、私はイタリア人

IL DOCUMENTO

もしも公務員を対象とする「世界事務能力選手権大会」があったなら、ローマチームは悲惨な成績に終わるだろう。もちろん、大会参加に必要な書類をきちんと提出できていたら、の話だが……。こんな嫌味の一つも言いたくなるほど、ローマのお役所仕事は評判が悪い。

英語の生活情報誌には次のような体験が載っていた。「滞在許可証の住所を変更するため、最寄りの警察署にいった。書類交付は先着四十人まで、というので朝六時にいくと、もう列ができている。八時四十五分には突然、『今日は職員が一人休みなので、二十人しか受け付けない』との知らせ。待っていた人の半数が泣く泣く家に帰った。私は九番目でセーフだったが、たった十分の手続きのために、けっきょく八時間も待たされた」

この話を私の友人たちにしても、だれも驚かない。「それでやっと順番が回ってくると、必要な書類がそろっていないから出直してこい、って言われるのよ」「事前に何度も電話で確認しているのに、担当者によって言うことが違うんだもの」「いや、同じ担当者でも日によって変わるんだ」。まあ、みんな大げさな、と私も最初は思っていた。ところが——。

住民届を出すために警察署にいったら、書類を確認していた係員が「変だなあ」と首をかしげている。見ると私は夫の妻

になっているのに、夫の書類は「独身」欄に印がついていた。明らかに職員のタイプの打ち間違い。だが、係員は夫婦であることを証明する書類を持って出直してこい、と言う。

日本から書類を取り寄せるのは、どんなに大変で時間もかかることか。私たちが必死に訴えると「それもそうだな」とうなずいた。「ま、今回はよしとしようか」。それで事なきを得た。

別の日には身分証明証を発行してもらうために区役所にいった。女性が多い職場は楽しそうだったが、アザラシのポスターの横には男性スターのヌード写真が貼られ、職員はおしゃべりの合間に仕事をしている様子。さんざん待たされたあげくに突然、私だけ別室に呼ばれた。

「あなたはイタリア人?」。係員が尋ねる。

「そう見えますか？」」。下手なイタリア語で問い返した。「でも、書類上はそうなっているわよ。打ち間違いかしら」。コンピュータの画面で「日本人」と訂正され、書類が交付される一階で待つことになった。

　夫の書類はとうに発行されたのに、私はここでさらに待たされる。そして窓口でフルーツヨーグルトを食べていた係員から、また別室に呼ばれた。

「あなたはイタリア人？」「さっきも聞かれましたが、そちらのミスで、二階のコンピュータで訂正したはずですが……」。一階のコンピュータには反映されていなかった。この役所ではコンピュータのデータも、階段を歩いて降りてくるのだろう。

　後日、友人たちにこの話をすると大いに受けた。ローマではこうした事態を笑える人でないと生きにくい。なかには「そうよ、私はイタリア人です、って通してしまえばよかったのに」と真顔で言う人もいた。

　なるほど。イタリアーナになりすまして生きていくのもおもしろかったかもしれない。「独身」かぁ、悪くないな、と夫も思っていたりして。

滞在許可証の申請に行ったら‥‥

係員がドアを開けて「最初に目が合った人」から呼ばれていた‥‥。

サカナを食べると

IL PESCE

　イタリア料理は世界一おいしい、と信じて疑わないからなのか、首都だというのに、ローマにはイタリアン以外の各国レストランが驚くほど少ない。唯一の例外は中華で、ここ数年、どんな小さな通りにも目印の赤い提灯を見かけるようになった。味やメニューが似たりよったりで、決しておいしいとは言えないが、値段が安いために家族連れでけっこうにぎわっている。

　日本食レストランは数軒のみで、概して高い。ミラノに本店がある回転寿司が二〇〇二年、ようやくローマにも登場して話題になったので、私もさっそくいってみた。回転寿司といっても鶏の唐揚げ、野菜サラダ、ローストビーフ、パイナップルなども回ってくるので、寿司らしいものをゲットしようと思うと、「あっ、もうすぐエビ様のお通り」「やっ、第三コーナーにマグロらしきもの発見！」などと、目を皿のようにしていなければならない。私は生まれて初めて、回転寿司で目を回して気分が悪くなる、という恐ろしい体験をした。

　それでも寿司を食べる、というのはここではまだまだスノッブでおしゃれな行為のようで、「チャオ。今、どこにいると思う？　スーシにきちゃったんだよ、スーシ」と、携帯電話で得意げに報告しているお兄さんもいる。

青空公設市場の魚屋さんは、とってもチャーミング。

ローマの一般庶民にとっては、恐らく一生、縁がない食べ物なのだろう。「だって、ナマザカナでしょ?」と、いろいろな人に聞かれ、いくら新鮮な魚をデリケートに、芸術的に調理するのだと説明しても「うえーっ。ごめん被りたいね」とのけぞられるのだ。彼らの頭のなかには「釣った魚をそのまま皿にのせ、フォークとナイフでムシャムシャ食べている図」が浮かぶのだろう。私にはローマ名物の牛の内臓料理や、復活祭に食べる生後三カ月未満の子羊料理の方が、よほど「うえーっ」なのだが、まあ文化の違いなのだからしかたがない。

イズミさんの夫、ルイジさんに「魚の干物」の説明をしていて大笑いされたこともあった。イタリアにも乾燥トマトや乾燥フンギ(キノコ)、干しダラなど魚の加工品があるのに、「ペッシェ(魚)・セッコ(乾燥した)」と聞いて笑い転げたところを見ると、ものすごくヘンテコな姿を想像したようだ。

ところで真夏のある日、夏バテ気味の夫と私は突然、無性にウナギの蒲焼きが食べたくなった。日本食レストランに聞いてもメニューになく、そうと知ると困ったことに、ますます体がウナギを欲してくる。車で三十分ほどの市場にいけばウナギも売っていると聞き、夫は「よし。自分でさばいて蒲焼きを作る!」と言い出したのだ。

「日本でもやったことがないのに、素人には無理だよ」と私。「生きたウナギの頭に釘を刺すの?」と、夫のオフィスで働くイタリア人スタッフも顔をしかめた。でも、いったんウナギモードに入った夫

ローマの習慣で魚を食べる日は火曜と金曜。日曜と月曜は魚屋さんは営業しない。

はだれにも止められない。五寸釘やまな板を用意し、タレの作り方をインターネットで見つけた彼は、目をつぶって黙々とイメージトレーニングを始めたのである。

夫が原因不明の高熱を出して倒れたのは、市場に出かけようとした、まさにその時だった。ウナギのたたりというのが、殺さないうちから出るものかどうか疑問だが、私たちはその後も長い間、ウナギの蒲焼きを食べなかった。

みんなで渡れば怖くない？

IL TRAFFICO

　とあるイベントに参加するため、イタリア人男性が運転するミニバンに同乗した。小雪が舞う冬の北イタリアでのこと。運転手は時速百六十キロ以上で高速を飛ばし、携帯電話が頻繁にかかってくるたびに片手や、時に両手も離す。私を含めた多国籍の同乗者八人には、手に汗握るドライブとなった。

「頼むからスピードを落としてくれ。幼い子どもが二人いるので、ここで死ぬわけにはいかないんだ」。一人の男性が耐え切れずに叫ぶと、運転手はすました顔でこう答えた。

「大丈夫、大丈夫。私はベイルートで二年、ローマで九年運転してきたんだ。地獄でだって運転できるよ」

　地獄の交通事情は知らないけれど、ローマでの運転には相当な覚悟と運動神経がいることは確か。まず驚くのはスピードで、空港から市内までのタクシーで「あまりにも飛ばすので、死ぬかと思った」と青ざめる日本人ビジネスマンを何人も見た。F1レース開催日に当たろうものなら最悪で、「気分はシューマッハ」のドライバーたちで市内はサーキット場と化す。

欧米人と
日本人とでは、
歩き方が違う。
チョコチョコ
スッ
スッ

カラビニエーレは国家治安警察隊。強そうだけど、笑い話の題材にもよく使われる。

ローマの道路は常にカオスに満ちている。

車線も複雑で、三車線と思って走っていると、途中からバス専用、しかも対向車線になっていたり、一方通行の向きやバス停の位置がひと晩で変わっていたりする。遺跡を守るための交通規制や通行止めもある。でも、それがいつ、どこで、何時間実施されるのかがわかりにくく、観光バスに乗っていて「たった今、規制が始まったようなので、コロッセオにはいかれなくなりました」なんてことにもなる。

掘れば必ず古代遺跡にぶつかる中心部には、新しいビルや駐車場がほとんどない。車はおのずと路上駐車。ローマのドライバーは一生のうちの何時間かは駐車スペースを探すために費やしている、という笑い話のような統計もあった。友人のだんなさんは駐車スペースを求めて同じ道をぐるぐる回っている悪夢にうなされるらしい。ドライバーのストレスは相当なものだろう。

しかも、路上に停めた車の向きはてんでんバラバラ。車と車のすき間には、ご丁寧にバイクも割り込んでいる。二重駐車もしょっちゅうだから、出られなくなった車の持ち主がクラクションを派手に鳴らして大騒ぎになる。

こんな交通事情だから歩行者だって楽ではない。東京に比べ信号や横断歩道が少なく、車が途切れるのを待っていると、いつまでたっても渡れない。で、こちらの人はどうしているのか観察してみると、「私は絶対渡るのだ!」という強い意志を全身にみなぎらせて、とにかく渡り始めるのだ。


もちろん、ドライバーとしっかり目を合わせながら、双方で絶妙の「間」を計り合う。タイミングを狂わす小走りは禁物。このテクニック、私もマスターするのに数カ月を要したので、旅行者には絶対おすすめしない。

ところで、ローマにやってきた知人のなかで、一人だけ「交通事情がいいですねえ」と感心する、信じられない人がいた。

「歩行者が目の前を渡っていたら、いちおう、車が止まってくれるんですね。いいなあ」

モスクワ暮らしの長い人だった。どうやらこの地球上には、地獄よりすごいところがあるようだ。

イタリアでも南に行くほどトマトはおいしくなる。

日本に戻ったら、イタリアの何を一番恋しく思うだろう。

友人たちとそんな話になった時、私は思わず「トマト」と答えていた。「ひどい！　友だちでもローマの街並みでもなくて、トマトなの？　私たちはトマト以下ってこと？」。ごめん、ごめん。まずは友だち。次に街並み。でも三番目は……やっぱりトマトかもしれない。

イタリアの大地と太陽の恵みがギュッと詰まった力強いトマト。イタリア語ではポモドーロと言って「金のリンゴ」の語源を持つが、パキーノと呼ばれるツル付きのミニトマトなどは、さながら畑のルビーだと思う。

AMORE POMODORO

頑固おやじのトマト味

ナポリから船でいくイスキア島を訪れた時のこと。島の端っこに、島と岩礁とをつなぐ桟橋がかかっていて、その橋のたもとに気さくなレストランがあった。

俳優の中尾彬に似た、ギョロ目のおやじさんが席に案内してくれた。リバーシブルのアスコットタイを首に巻いた、いかにも頑固そうな面構え。店の壁には、大きな魚を射止めた若い頃の白黒写真が額に飾ってある。店は少しずつ息子たちに任せつつあるが、毎日フロアで目を光らせているぞ。そんな威厳を漂わせるナカオサンであった。

前菜には白身魚のカルパッチ

ヨを頼んだ。メニューにはなかったが、新鮮な魚があるのならぜひ、と夫がリクエストした。「カルパッチョ」という言葉は初耳だったらしい。ナカオサンは夫の説明にしばし考えて、コン、とこぶしでテーブルをたたいた。合点だ。厨房に消え、しばらくしてからオリーブ油とレモン汁であえただけのカルパッチョを持ってきた。

「言われたとおりにやってみたよ」。得意そうでもあり、少々不安そうでもあり。「ブォーノ（おいしい）」と言うとまた無言でコン、とテーブルをたたいた。

　お次はパスタ。この店ではナンバーワンの人気らしい、トマトのスパゲッティを注文する。パキーノとニンニクとオリーブ油と、少々の塩だけで味付けしたパスタ。テーブルに運ばれてきた瞬間、お皿からトマトの香りが立ち上ってきた。熱を加えられて「ああ、もうダメですぅ」とばかりにプチュとはじけたパキーノは、甘みとコクを増してトロリと麺とからまっている。ちょっと切ないような酸味も効いて、まさに絶妙の味。南イタリアの強烈な日差しのもとで育ったトマトがあってこそ、のごちそうだ。

「ブォーノ、ブォーノ！」と私たちはうなった。「ローマあたりで食べるものとは、トマトが全然違うだろう？」。ナカオサン、今度こそ自信満々だ。

「このトマトの味は、ずっと忘れませんよ」。帰り際に言うと、コン、とおでこをつつかれた。無駄口をたたかない、いかにも職人、という感じのナカオサンが、初めて心底愉快そうに笑っていた。

「シンプルこそベスト」のイタリアンの王道をいくトマトのパスタ。

広場の花屋さん。花束の色づかいも、いかにもローマ。

幸せの音

IL SUONO

チュンチュン、というさえずりで、ローマの朝は始まる。ベランダにジャスミンやミニバラを植えて以来だろうか。スズメや、名前のわからない小鳥たちが毎朝遊びにくるようになり、目覚まし時計よりだいぶ早めにモーニングコールをしてくれる。

やがてガーガー、ガランゴラン、ガッチャーンというゴミ収集車の音。道路に設置されているゴミ箱は、子ゾウが一頭入るほどの大きさで、収集車はそれをそのままショベルでひっくり返して中身を回収する。ゴミの分別がいいかげんだから、瓶や空き缶が転がる音もそこらじゅうに響く。

人々の声が騒々しいのもローマ。ここで暮らし始めた当初は「朝から派手にけんかしているなあ」と思っていたが、じつは近所の人たちがあいさつや世間話をしているだけだった。お互い、相手の話はあまり聞かずに、大きな手ぶりでまくしたて、最後は笑顔でチャオ！　もちろん、本物のけんかも日常茶飯事で、いつかは女性が大声で男性をののしりながらハンドバッグでボコボコにたたいているのを、ご近所中がベランダから身を乗り出して観戦していたこともあった。

「バナナにポテト、シチリア産のオレンジはいらんかねえ」とか「台所のガス管を早く、安く、確実に交換します」などとスピーカーで呼びかけながら、軽トラックが通る。「ちり紙交換」や「竿竹売り」を思い出す、どこかなつかしい、のんびりした音だ。

一方、朝の出勤前や昼どきのバールの音は、活気に満ちている。常連客がエスプレッソを立ち飲みしながら、今度の休暇はどうすごすか、といった話で盛り上がり、エスプレッソメーカーのシューッという蒸気音が絶えない。住宅地のバールは、町内会のようなもの。最初のうちはなかなか注文も聞いてもらえなかった私が、バリスタ（バールのウエイター）から初めて「チャオ、ベッラ。いつものカップチーノだね?」と言われた日は、日記に書くほどうれしかった。

行きつけのバールができれば、ローマ暮らしはもっと楽しくなる。

坂の上と下にはそれぞれ教会があり、日に何回か鐘が鳴る。音色は教会ごとに違うので、イタリア人は故郷といえば、マンマの味とわが町の鐘の音を思い出すという。ガラーン、ゴローンと勢いよく鳴り始めた鐘が、やがてカ・ラ・アアン、コ・ロ・オオンとけだるい感じで鳴り終えていく、その余韻がちょっと切なくていい。

そして春から秋にかけての夜九時すぎ。あたりがようやく暗くなった頃、開け放した窓の外から、カチャカチャという音が聞こえてくる。ローマの人たちはこの時期、ベランダで食事を楽しむことが多いのだ。

ワインとパスタと簡単なサラダ。特別なごちそうはなくても、爽やかな夜の冷気と家族や仲間との語らいがあれば、最高にぜいたくなディナーになる。フォークとお皿が当たる音や、人々の笑い声が、ほら、向かいのアパートからも、下からも……。それはなんとも人間らしい、幸せの音だ。

不便で、非効率的で、騒々しいことが多いローマの平日だけれど、この音を聞くたびに私は思う。ああ、ローマに住めて、本当によかった、と。

トッレ・アルジェンティーナ広場にはネコがいっぱい住みついている。

天気のいい日はぜひテラス席で

おまけ
ローマのおすすめレストラン

「ローマは大阪だ」説というのが、ローマ在住の日本人社会にある。大阪勤務四年の経験がある私は、この説をかなり信じている。ローマはイタリアの首都なのだから、東京に近いはずだが、東京はむしろミラノのイメージ。「ミラノやろ？　あそこは人間が冷たいし、暗いし、なんもオモロイことないわ」と、ローマの人たちがミラノ（東京）に強烈な対抗心を持っているところまで、大阪と似ている。人々のノリのよさ、交通マナーの悪さ、名物はホルモン料理で、おまけに市外局番まで06と一緒……！　食べ物がおいしく、どんな店に入ってもまず失敗がない、という点も共通していると思う。

というわけで、ローマにはおすすめのレストランがいっぱいあるけれど、予算に余裕があり、ぜいたくな雰囲気にひたりたいのなら、私の一押しは「ラ・ペルゴラ」である。

ローマの北西、モンテ・マリオの丘の上にあるホテル・カヴァリエーリ・ヒルトンの最上階。レストランから望む夜景だけでも、値千金だ。

料理はぜひ、シェフのおまかせコースを。イタリアのグルメガイドなどで常に最高級の評価を受けているシェフは意外にもドイツ人で、就任当初は「ドイツ人にイ

fiori di zucca
zucchina

タリア料理がわかるものか」といった懐疑的な声もあったようだ。でも、大胆かつ繊細な彼のイタリアンはたちまち評判に。小皿で次々と出てくるコースは、懐石料理のようでもあり、見た目にも美しく、楽しいものばかりだ。

メインを食べ終え、さあデザート、という時に、カメリエーレが小粋な演出をしてくれる。真っ白なテーブルクロスの上に飾りとしてちりばめていた白いビー玉を、いっせいに緑色のビー玉に変えるのだ。キャンドルの光に当たった小さな玉が、幻想的に輝く。こんなちょっとした遊び心、そしてワクワクするような驚きと感動がいたるところにある。

大人のカップルが多く、男性はもちろんジャケット着用。おしゃれをして、かなり前から予約していくレストランである。

でも、気取らず、あまりお金もかけずにおいしいものが食べられるのがローマのよいところ。そんなお店の一つが「セッティミオ・アラランチョ」だ。

観光客でにぎわうスペイン階段から、おしゃれなブティックが並ぶコンドッティ通りを抜けて、すぐ近くの路地裏にある。ギンガムチェックのテーブルクロスが可愛い、いかにも気さくなお店。近くの新聞社の記者たちが、グループで遅めの昼ごはんを食べにきて、ケンケンガクガク編集会議をやっていたりする。

前菜にはカルチョーフィ（アーティチョーク）の蒸し煮や、ズッキーニの花のフリット（モッツァレラチーズとアンチョビを詰めて揚げたもの）などを。パスタの

種類も充実している。メインはローマの風習に従い、火曜日、金曜日なら魚料理を食べるといい。姉妹店「アル・ピッコロ・アランチョ」がトレヴィの泉の近くにある。

ローマらしい雰囲気の中で食事を楽しみたいなら、住宅地や、観光地の路地裏にある、地元の人たちでにぎわう店にいくのが一番。わが家の近くには、サルデーニャ島出身の兄弟が営む気さくなレストランがある。「ヌラーゲ・サルド」という名前の、サルデーニャ料理店だ。

魚の前菜盛り合わせは、小魚のマリネやムール貝など六、七種類の皿が出てきて、前菜だけでおなかがいっぱいになる。一方、サラミの前菜は小さなバケツ盛りで登場。自分で切り分け、食べた分だけ料金を払う、どんぶり勘定ならぬバケツ勘定だ。カラスミ（ボッタルガ）のスパゲッティや魚介のリゾットなどは、日本人好みの味。店員さんも「カラスーミ」という日本語を覚えている。

ちなみに、イタリアではレストランでも家庭でも、前菜、プリモ（第一の皿、パスタなど）、セコンド（第二の皿、メイン）、ドルチェ（デザート）の順番は厳格に守る。でも、前菜からプリモを飛ばしていきなりセコンドにとか、前菜とプリモだけでセコンドはパス、という注文の仕方でもOK。ダイエットを気にして、最近はイタリア人でも、こうしたパターンが増えている。食後のコーヒーはエスプレッソを。カップチーノは午前中に飲むもので、食後に頼むと「食事がもの足りなかった

piselli

のか」と思われるらしい。

やれ前菜だ、セコンドだ、などと気にせずに、もっと気軽に食べたい場合は、ピッツェリーアがおすすめ。イタリアではピッツァは夜ごはんに食べるものなので、ピッツェリーアも夜のみの営業がほとんどだ。

「ヌラーゲ・サルド」から坂を上って七、八分の「イル・ペペロンチーノ・ディスペットーゾ」は、薪《まき》の窯《かま》で焼く、行列のできる店。ピッツァの種類は四十以上で、生地が薄いローマ風か、厚いナポリ風を選べる。「意地悪な唐辛子」という意味の店の名前を冠したピッツァは、トマトとモッツァレッラチーズにピリ辛のサラミをトッピングしてある。

住宅地にある店では英語があまり通じない。この店にはホームページがあるので（一四六頁のデータ参照）、メニューを予習していったほうが安心だ。

下町のトラステーヴェレ地区には、ピッツェリーアがたくさんあるので、ぜひ探訪を。私の経験では、

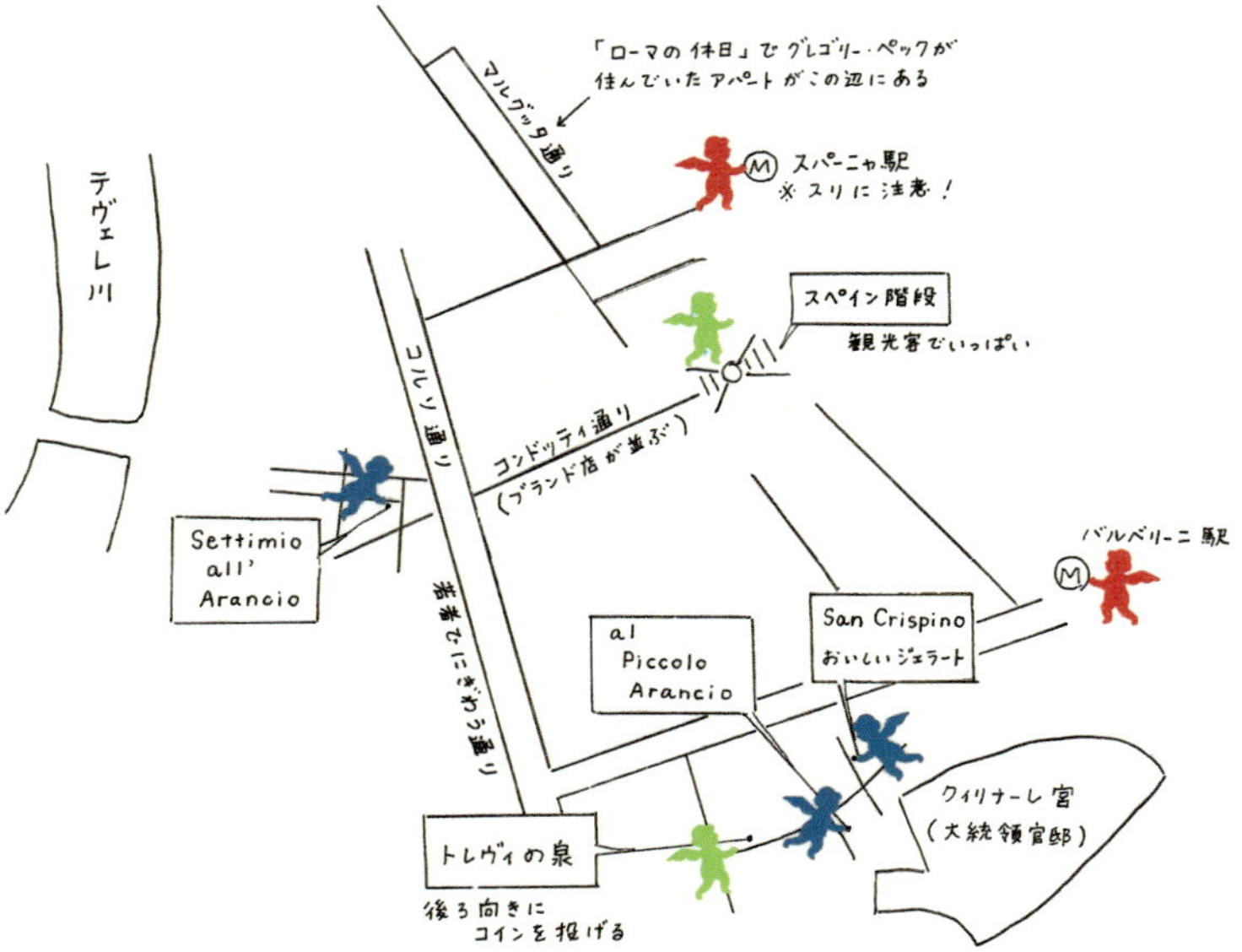
「ローマの休日」でグレゴリー・ペックが住んでいたアパートがこの辺にある
マルグッタ通り
スパーニャ駅
※スリに注意！
テヴェレ川
スペイン階段
観光客でいっぱい
コルソ通り
コンドッティ通り
（ブランド店が並ぶ）
Settimio all' Arancio
バルベリーニ駅
若者でにぎわう通り
San Crispino
おいしいジェラート
al Piccolo Arancio
クィリナーレ宮
（大統領官邸）
トレヴィの泉
後ろ向きにコインを投げる

ピッツェリーアのドルチェは意外と「当たり」が多いので、クレーマ・カラメッロ（プリン）やティラミスなども試してほしい。

連日のごちそうで胃腸が疲れてしまったら、お総菜屋さんでテイクアウトのおかずを買って、ホテルの部屋で食べるのも一案。「フランキ」のようなしゃれたお総菜屋さんは、ウィンドウをのぞいているだけでも楽しい。食欲のない時に、私はよくパスタ・フレッダ（冷たいパスタ）やおコメのサラダを買う。

ローマは大阪だ。まずいお店を見つけるのはなかなか難しい。街を散策しながら「あっ、いい感じ」と直感したお店に入ってみれば、愉快な出会いや思いがけない発見が待っているかもしれない。店の主人がお客さんと一緒にサッカー中継を見ていたり、派手なTシャツを着たおばちゃんが取り仕切っている、いかにも「街の食堂」といった雰囲気のところが、じつは最高にローマらしい、おいしい店だったりする。いや、ホンマに。

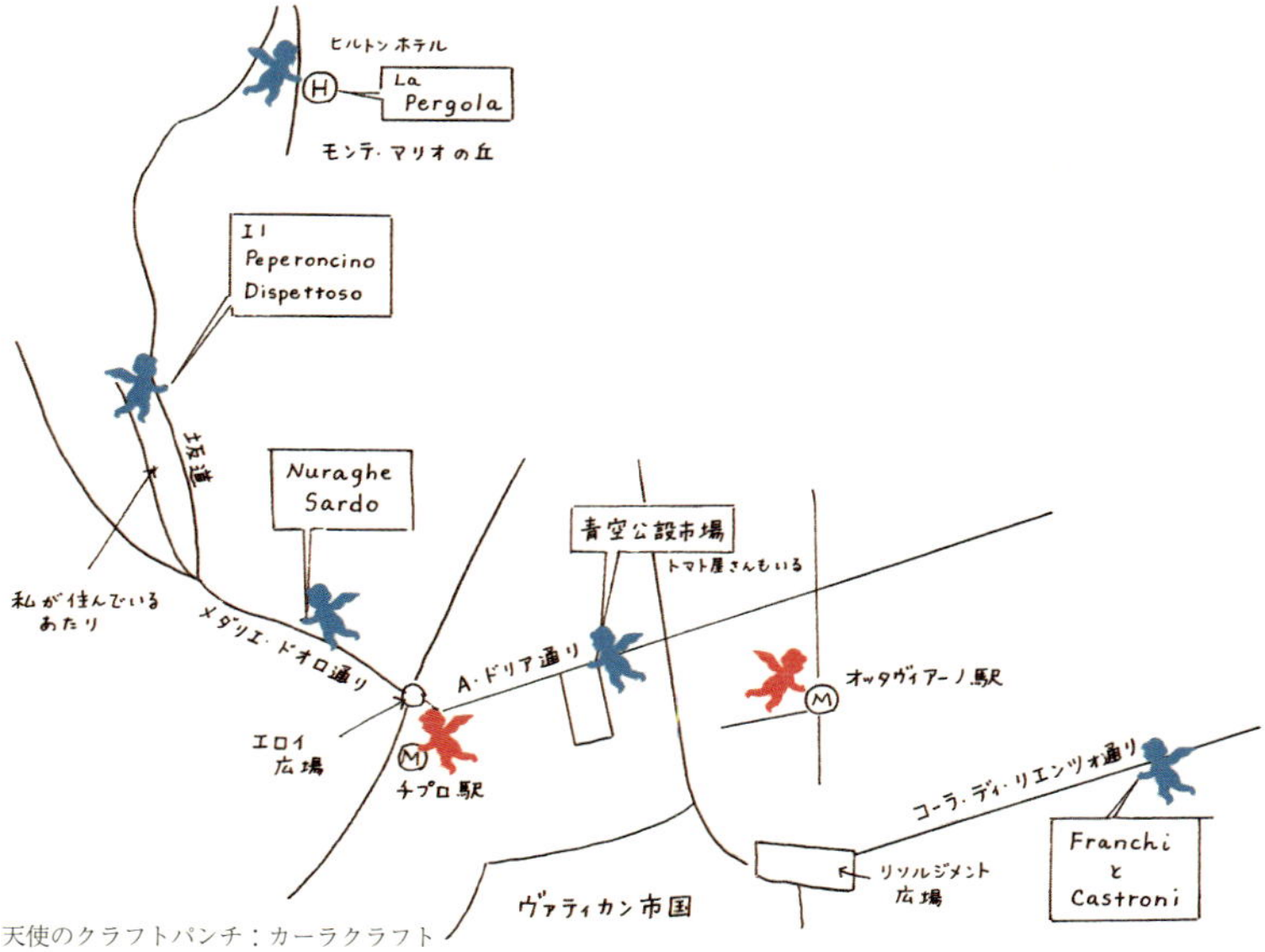

天使のクラフトパンチ：カーラクラフト

La Pergola
(ラ・ペルゴラ)

Cavalieri Hilton
Via A. Cadlolo,101 ☎06 35092055
19:00－23:00 日曜・月曜定休。
8月と1月は長期休業あり。
テルミニ駅からタクシーで20分。

Settimio all' Arancio
(セッティミオ・アラランチョ)

Via dell' Arancio, 50 ☎06 6876119
12:30－15:30 19:30－24:00。日曜定休。
スペイン広場から徒歩5分。
姉妹店のal PiccoloArancio(アル・ピッコロ・アランチョ)
の住所はVicolo Scanderbeg, 112 ☎06 6786139
月曜定休。

Nuraghe Sardo
(ヌラーゲ・サルド)

Viale Medaglie d'Oro,50/A ☎06 39736584
12:30－15:00 19:00－23:30。水曜定休。
サン・ピエトロ広場からタクシーで5分。

Il Peperoncino Dispettoso
(イル・ペペロンチーノ・ディスペットーゾ)

Viale delle Medaglie d'Oro, 158 ☎06 35498451
19:30－24:30。無休。
サン・ピエトロ広場からタクシーで10分。
ホームページはwww.ilpeperoncinodispettoso.it

Franchi
(フランキ)

Via Cola di Rienzo 200 ☎06-6874651
8:00－21:00日曜定休。
おとなりのCastroni(カストローニ)はオリーブ油、
バルサミコ酢などの食料品が充実している。

＊イタリアの国番号は39

あとがき

ローマは意外と坂の多い街です。私が住んでいたアパートの前も坂道で、スーパーにいくにも、新聞を買うにも、バスに乗るにも、坂をのぼらなければなりませんでした。脚の持病のため、歩くときは杖をついている私には、けっこうきつい勾配でした。

新聞記者をしている夫の転勤にくっついて、ローマで暮らし始めたのは二〇〇〇年七月。強烈な日差しが体をつき刺しそうな、暑い夏の盛りでした。私は毎日坂をのぼって買い物などに出かけていましたが、脚がだんだん痛くなり、二カ月もたつころには歩くのもつらくなっていました。

一方で、イタリア語は全くわからず、思うようにモノが買えなかったり、バカにされたような態度をとられることもしょっちゅう。四〇歳を過ぎているのに幼児に戻ってしまった気分で、ちょっとトホホな毎日でした。

先進国のくせに断水するし、約束の日に配達の品物が届いた試しがないし、店はしょっちゅう閉まるし、お役所仕事はいい

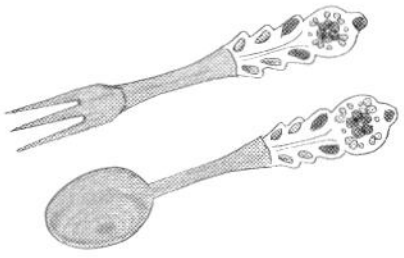

かげんだし……ああ、ローマ暮らしはキビシイかも、と、楽天的な私が珍しく落ち込んでいたある日のこと。スーパーの前で、見知らぬおばあさんにいきなり、こう言われました。

「あらまあ、あんた、どないしたん？　若いのに杖なんかついて。牛乳は毎日飲んでんの？　カルシウムよ。カルシウムはぎょうさんとらんと、あかんて。知ってた？」

もちろん、彼女は関西弁でしゃべったわけではありませんし、イタリア語がよくわからなかった私にはｌａｔｔｅ（牛乳）という言葉くらいしか聞き取れなかったのですが、パントマイムばりの身ぶり手ぶりからおおよそこんな内容だ、と容易に想像がつきました。

初対面の人間になんて失礼な。でも、嵐のようにまくしたて、「ほな、またねえ！」と陽気に去っていく彼女の後ろ姿を見て、私はしばしあぜんとし、それから笑ってしまいました。

ローマはおもしろい！

私の中でパチンと何やらスイッチが入りました。翌日から私は意識しておもしろいことを探すようになりました。いや、必死に探さなくても、いくらでもおもしろいことが起きるのです。

そう、ローマほど人間ウォッチングが楽しい街はそうそうない！「ローマ暮らしはキビシイかも」と涙目になっていた私はどこへやら。二年二カ月のローマの平日は、心底オモロイものとなったのです。

そんな日々の出来事を、女性誌「ヴァンテーヌ」（アシェット婦人画報社）に連載し、それが今回一冊の本になりました。いま読み返してみると、小さなおばさん（私のことです）の非常に狭い行動範囲しか描かれていませんが、人間味あふれる、愉快なローマの空気を、ほんの少しでも感じていただければ幸いです。

（余談ですが、坂道をヒイコラ歩いているうちに、私の脚力も鍛えられたようです。その後、杖を忘れるほどスタスタ歩けるようになったのですから、ローマの坂道はあなどれません）

本を出すことができたのは、多くの方々の支えがあったからです。ローマにいる間、私は手書きの「ローマだより」をせっせと母にファクスで送っていました。母がこの便りを楽しみに

読んでくれたことが、モノを書く原動力になったので、まずは母に感謝したいと思います。そして「ヴァンテーヌ」の連載のきっかけを作って下さり、いつも温かい励ましの言葉をかけて下さった松山幸雄さん、連載を担当されたアシェット婦人画報社の小山裕子さん、下田結花さん、板倉由未子さんにお礼を申しあげます。

パリ在住の写真家・小野祐次さんは何回かローマに来て下さり、イタリアの色と光を鮮やかに撮ってくれました。彼の写真なしには、連載もこの本も成り立ちませんでした。また、こんなにおしゃれで、かわいい本にして下さった渋沢企画の渋澤弾さんと小原めぐみさん、編集者の星野智恵子さん、本当にありがとうございました。

最後に、大好きなローマと夫に、そして本を読んで下さったみなさまに、心から感謝の気持ちをささげます。

大原悦子

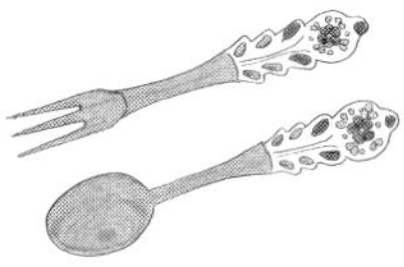

大原悦子（おおはら・えつこ）

ライター。一九五八年東京生まれ。
津田塾大学国際関係学科卒業後八二年から九九年まで朝日新聞記者。
二〇〇八年一一月より津田塾大学ライティングセンター特任教授。
夫の転勤で二〇〇〇年七月から二年二カ月ローマで過ごす。
著書に『フードバンクという挑戦──貧困と飽食のあいだで』（岩波書店）
訳書に『ソウル・トゥ・ソウル』（朝日新聞社刊）

小野祐次（おの・ゆうじ）

写真家。一九六三年福岡生まれ。大阪芸術大学写真学科卒。

八六年からフランスで作品制作、広告、エディトリアルと写真ざんまいの日々。

〇五年冬にパリ市立ヨーロッパ写真美術館で個展予定。

（MAISON EUROPIENNE DE LA PHOTOGRAPHIE, VILLE DE PARIS）

ローマの平日　イタリアの休日

2005年3月10日　初版発行
2012年9月15日　三刷発行

文と絵：大原悦子
写　真：小野祐次

発行者：大江正章
発行所：コモンズ
〒161－0033　東京都新宿区下落合1-5-10-1002
Tel：03-5386-6972　Fax：03-5386-6945
郵便振替：00110-5-400120
info@commonsonline.co.jp
http://www.commonsonline.co.jp/
編集：星野智恵子（冬芽工房）
アートディレクション：渋澤　弾・小原めぐみ（渋沢企画）
印刷・製本：モリモト印刷

ISBN4-906640-89-3 C0095　乱丁・落丁本はお取替えいたします。